ファッションカルト

診断書

氏名	かてぃ　様	性別	生年月日
		男・(女)	昭・(平)・令　10年　10月　10日
病名	突発性服狂信症		
所見	言葉数が少なく、自身の洋服にメッセージを込めすぎる 傾向があり、日常生活に支障をきたしている。 ※伝染りやすいね。		

上記のように診断します。

令和　3年　8月　31日

I FALL ASLEEP TODAY,

Chapter

1. ファッション哲学

服はその日のTPOに合わせたコスプレである。

水際で革命をねらうハイレグ女

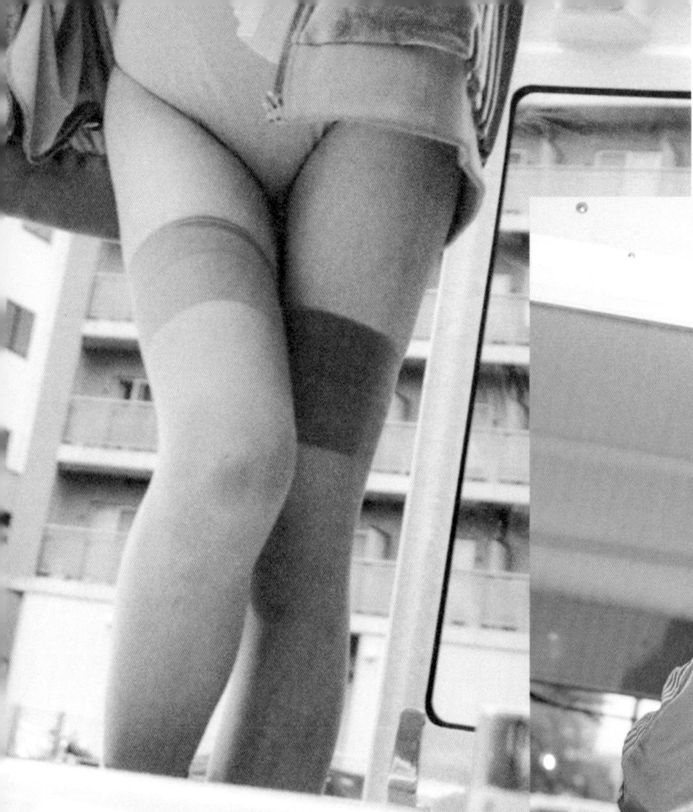

今世紀最大にして今季注目ルック「おケツだし」
とにかくおケツをだしてることを感じながら外を歩きたい
一緒にいるヤツが恥ずかしがる顔をぜひ見せてほしい
そしてバカみたいにはしゃいでたら
幼いころの習い事
新体操で袖を通したレオタードが目に浮かんだ

コーディネートとTPO
時間にヒト、目的地
そんなものに合わせる暇があったら
心の内の叫びと、鏡に映るわたしのヘアカラーに神経集中
好きが趣味だから　好きなファッションのジャンルが多すぎて
毎回自分の属していないジャンルまで
枠を超えていって洋服を組み立てる
そんな行為がわたしにとってはコスプレな毎日のよう

レオタード¥13,200／バラッ[illegible]
コルセット¥4,290／フェイ[illegible]
スカーフ¥3,960／ともにカオリノモリ（[illegible]リノ
モリ ハラジュク）／ニーハイソックス¥1,100／ぽ
こ・あ・ぽこ／ブーツ¥90,200／アカネ ウツノミ
ヤ（ブランドニュース）その他／スタイリスト私物

FASHION CULT

悪

キャミソール¥8,690、バンダナ¥1,100、サングラス¥3,850、アームウォーマー¥3,190、ベルト¥4,950、バッグ¥4,950／すべてフェイス　スカート¥16,500／ヴィアヴァンダ（株式会社エックスナインデザインラボ）その他／スタイリスト私物

愛

愛

夏のおまけで
アゲてくる
バンダナガチ勢

夏が近づくにつれギャルに近づくって
夏目前のある日、いわゆる昨日きづいたのんきなわたしギャル
メンタルが弱くなりそうなときも内側から防衛本能で強くなろうと
ギャルメイクして落ち着きを取り戻した
昔のギャル誌がしてくる夏の「ギャルになれ」っていう刷り込み
そのローテーションは　今も体内でまわってる
若いころの勉強はカラダが覚えてるね人生の教科書
まわりの友だちも一生金パでいくって手を組んでくるし
これからはチームプレイでギャルズしてく
魂のバンダナ巻いて　引き継いでくニッポンの伝統芸

供は小さな注意で大きく育つ
荒川警察署
町会青少年部
と子の心のかよう良い家庭
荒川警察署
町会防犯部

ファッション哲学

コルセット¥4,290／フェイス　デニム¥13,990／ピンナップ　サンダル¥39,600／ロスト イン エコー（ヴィヴィアーノ）チェーンのネックレス、パンツ／モデル私物　その他／スタイリスト私物

うちのお父さんはめっちゃ中国推し
それにならい　カンフー着に袖を通し
草むらにてカンフーの型
イーアル　イーアル
緑あるところに
カンフーの型あり
ニラ入りの餃子あるところに
カンフーの匂いあり
小学生のわたしは遠出するときだって
カンフー着の女の子
こぶしは固いけど
デニムはかたいのはやめてほしい
だけど今季の「おケツだし」が
できるならハナシは別だろう
当たり前のこと
おやじをリスペクトして
カルバンクラインで
カンフーを踊る

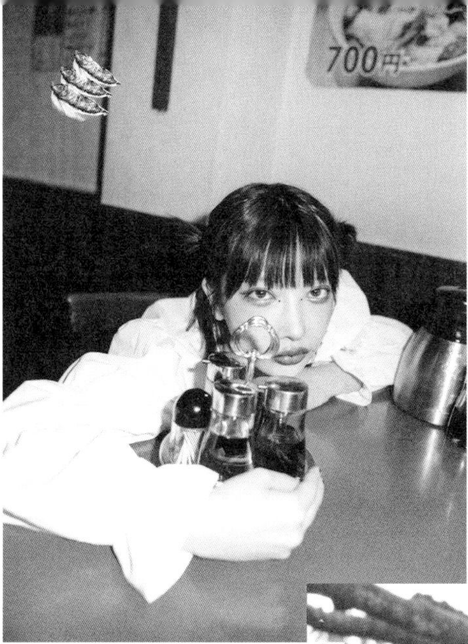

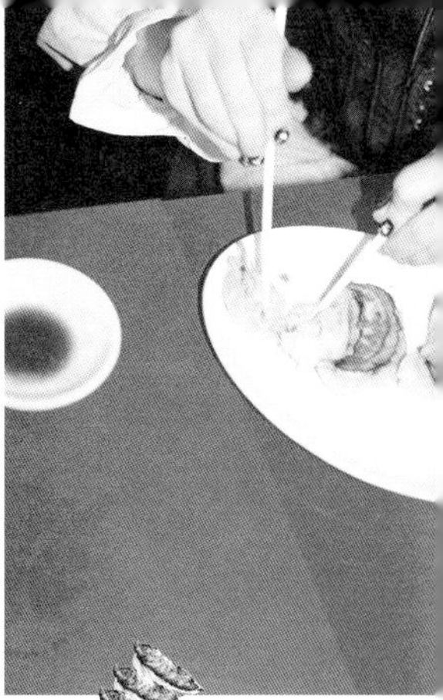

キョンシーになりたかった夢を抱えるクライン

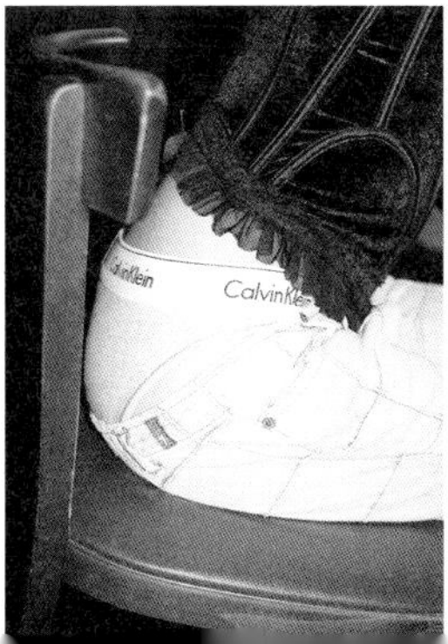

Tシャツ¥6,590／ピンナップ　パンツ¥9,790／フェイス　ファー帽子¥13,200／イクミ（イクミ 原宿路面店） サングラス¥33,330／アランミクリ（ルックスオティカジャパン カスタマーサービス） ソックス¥1,760／ぽこ・あ・ぽこ スニーカー¥27,500／グラウンズ（株式会社フールズ） その他／スタイリスト私物

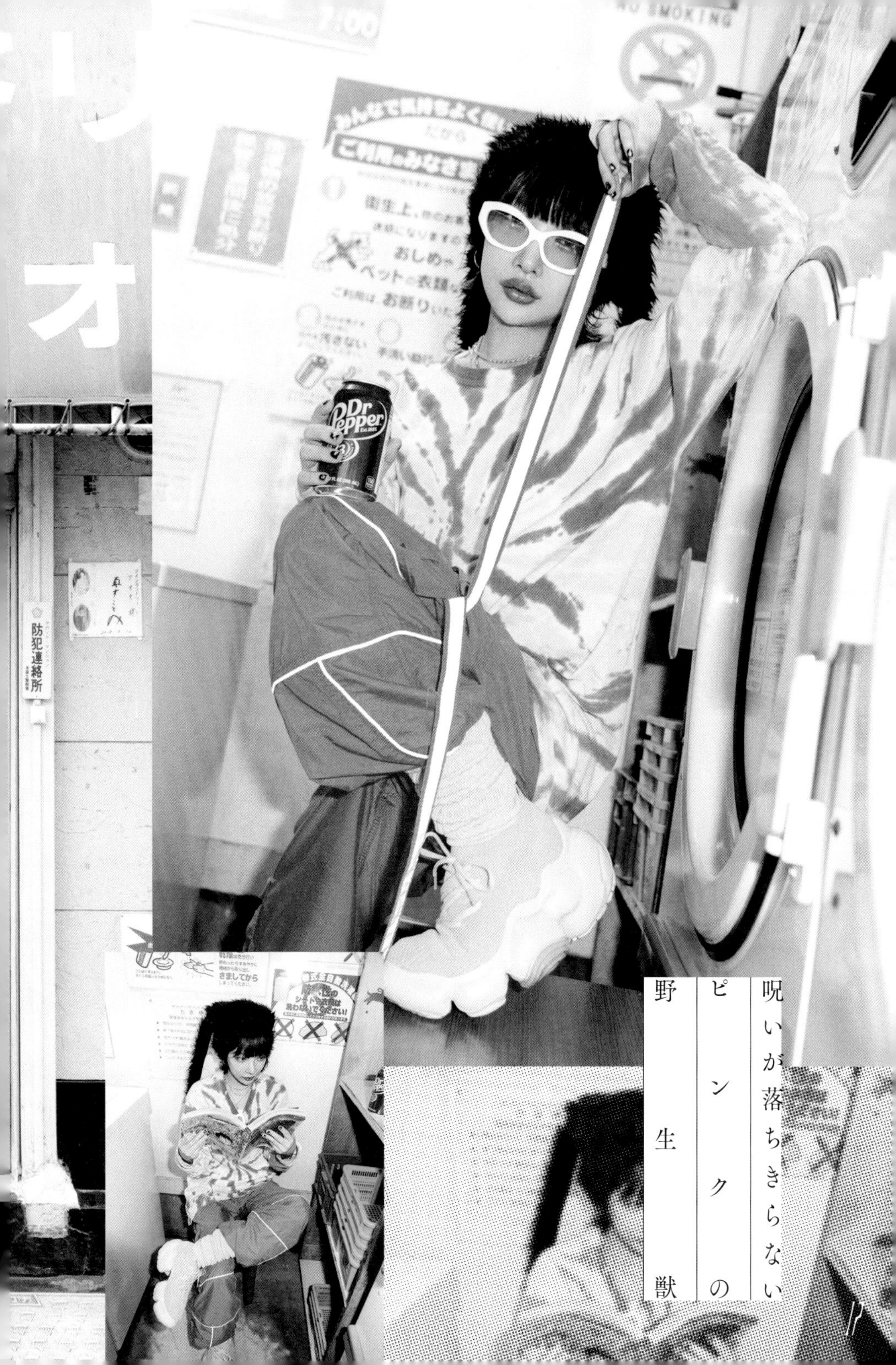

呪いが落ちきらない
ピンクの
野生獣

定期的に自分を見つめるため
（※主にヘアカラーチェック！）
証明写真撮ってこうね
プリじゃなくて証明写真ね
プリは令和宇宙人が出てくるからね
なにがほんとかわからないでしょ
400円と800円　そりゃあ価値が違う
本当の自分を証明するには倍の値段がかかるよね
800円のあんたとわたしで付き合ってこ

家を引っ越し、気分で部屋をピンクにしたんです
子どもんとき、自分の性別がわからなくなったときに
ピンクとは一度決別したんだけど
さすがもともと好きな色　なつかしさに心が少し踊った
自分にとって呪われたものも
ベタ色からタイダイくらいに色落ちしてるっぽい
住み処の商店街には　発光して歩いていかないと
指差されて一人前

ファーコート¥28,600／アグ®（デッカーズジャパン） ジャケット¥29,700、ブーツ¥35,200／ともにヴィアヴァンダ（株式会社エックスナインデザインラボ）その他／スタイリスト私物

祝いごとを
大切にする
スーツなき幹部クラス

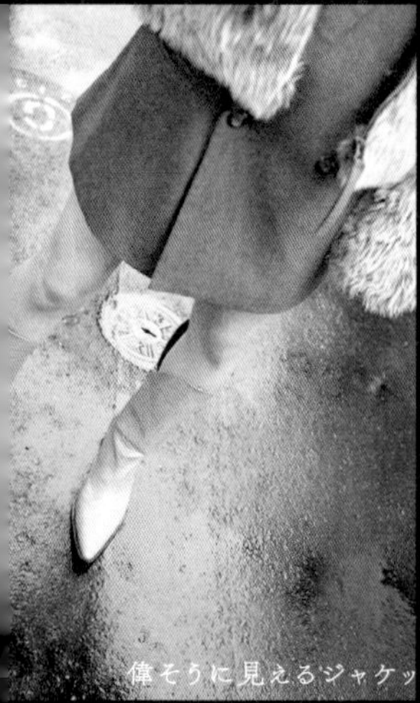

偉そうに見えるジャケットは
気持ちの筋を張るときに　オーバーサイズで堂々と着る
ZEPPの東京が決まったとき　お祝いごと
今日の取材　スーツ感覚ではおって
幹部クラスな
即席の「心をシュッ」
相手にみせるための「シュッ」じゃなくて
わたしの内側を正すための

シャンプーハットを帽子に
体育館履きをスニーカーに
地元のジャージで舞い降りた渋谷の街
わたしがこれを広める　地元のスーパーでそろえた一張羅MIX
服の枠を超えていた　DIYファッション脳
大きくふりかぶって　大きく外した失敗ファッション
ちょっとした服へのチャレンジなんて屁でもない
いつからか洋服は飾るだけのもんじゃなくなってて
落ち込んでる友達を
ほぼパンツみたいなコーデで焚きつけて
ギリギリを攻めるじゃないけど深夜の商店街を走り抜ける
励ましだなんておこがましい　でもあれはコミュニケーションだった
声やコトバにも似た　かかわり方
母親から遺伝したリサイクルショップ愛
田舎にいけばいくほど輝く爆安古着宝の山
三崎港からはじまったわたしのファッション精神
ジャンクなガラクタたちをたくさん引き連れて
いつか凱旋　おしゃれの革命を起こしたい
服はあなたやわたしの　一番身近な環境変化な気がする

KATY'S FASHIO

N PHILOSOPHY

FASHION CU

FASHION CU

FASHION CU
FASHION CU
FASHION CU
FASHION CU

CONTENTS

特に価格表記のないものはモデル私物です。
商品の価格はすべて税込みです。

Chapter 2.

饒舌なコーディネートはどう生まれるのか!?
ドキュメンタリー

かてぃのおしゃべりなクローゼット

「服装かわいい」「かてぃっぽいよね」「文章おもしろい」。
うれしいことに、そんな声をもらうことが多いわたしのファッション。
センスと言葉がクロスする、コーデのA to Zを見せます。

Outer — 12 item

Pants — 47 item

One piece — 30 item

Tops — 113 item

Skirt — 9 item

スタジオに
お部屋風セットを
組んだよ！

家の私服、持ってきた！

Bag — 24 item

Shoes — 17 item

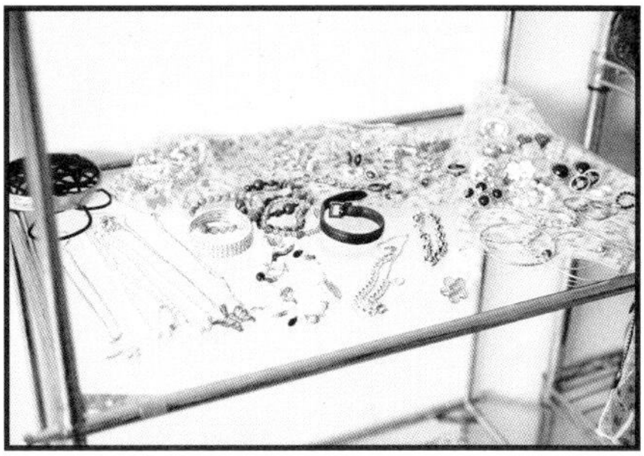

Accessory & Goods — 137 item

ぜんぶ

嘘つきたくないしおもしろいから、
クローゼット企画にガチぜんぶ搬入してみた。
このためにニードルズのジャージだけで過ごした
涙の数日間があったこともいい思い出。

おしゃべりコーデができるまで

大好きな服を身にまとうとき、どのタイミングからコーデが始まっているんだっけ。
どんな思いでクローゼットから服を取り出しているのかな。
そんな無意識を意識してみる。

1. **朝起きたときのキブン**で今日のコーデを決めてく。

ラーメン食べたい

ギャルに会うから
派手めにしよ

今日は気分いいぞ

朝起きて、「さあ今日も服を着るかー」ってなって初めてコーデの頭に切り替わる。今日はなにがあるかな。今のヘアカラーにも合わせるならコレは無理。そんなことを考えながら服を手に取る。数式にすると「このあとの予定・今の髪色・テンション・今日の服」。

2. わりと**心の声**、大事にしてる。

どっちかで悩むときは、とりあえず着てみる。この服を着て予定に行くことを考える。人に見られたくないから暗めにしようとか、目立ってもいいなと思ったら色を入れるとか、そうやって決めたり、どっちも違うってなったら潔く別の服を着たりすることもある。

3. 感覚だけじゃなくて、自分の中に**プチルール**があるのです。

靴下がなかったら完全にスカートはかない、アホ毛が立ってたら帽子をかぶって、それに合う服にする。最近はマスクで出かけることが多いけど、マスクは白派だから全身黒だと合わないなって諦めることも。プチルールに服を合わせるってことも実は多少ある。

My rule

- ✓靴下がなければスカートを諦める
- ✓絶対にどこか肌を見せるべし
- ✓アホ毛あったら帽子をかぶる！

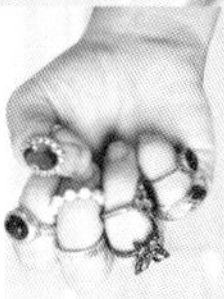

4. ファンからもらったアクセたちは、**ファンの子を連れていく気持ち**でつける。

アクセはいただきものが多くて、ファンの子を思い出すアイテム。おもちゃ系はイベントやライブで使って、シルバー系は私服に合わせるんだけど、みんなを連れていく気持ちでつけてて。衣装のときは自分を表現するために結構本気で遊ぶけど、私服ではラフにつけるかな。

5. ひとつ服を選んだら、**パズルみたいに**組み立てる。

例えばブラウスは、わたしが東京に来て知ったアイテムでとても思い入れがある。なんでも合うし、組み合わせで雰囲気が変わるし最強！ このメインに合わせて、どんどん組み合わせられるのは、アパレル時代にお客さんのコーデを組みまくった経験からかも。

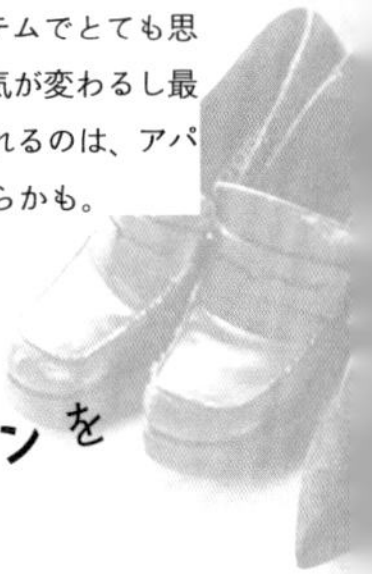

6. 写真を見て客観視しながら**インスピレーション**をわかせる。

最近ゴールドが好き

レイヤードがかわいい

シンプルな厚底最高！

SNSに書く文章は日記感覚。投稿する直前、瞬間風速で浮かんだおもしろワードを「写真で一言」的につけてる。「かてぃの文は、ホストがSNSで自分の顔と一緒に投稿するときの文体と似てる」って言われたことがあるから、わたしはホストかもしれない。

7.

出かけて
「なんか違う」ってなったら
買って着替えるくらい、
妥協したくない。

外で「これじゃなかった!」って思ったら、もうその日の予定が狂っちゃう。面倒な女になる。途中、馴染みの古着屋に入って着替えたりとかざらにある。でも結局おしゃれしすぎても、途中で楽な服を着たくて着替えたりするから、ちょうどいいを見つけないとダメ。

本日のおしゃべりコーデ

My rule 01_

✓キャミは絶対にインする

My rule 02_

✓きれいめな日は絶対厚底!

Playing_

✓大人に会うからブラウス

Mind_

✓気を引き締めたいし黒多め

“自分をふるい立たせる“制服”をまとう”

ブラウス、キャミ（ともに古着屋イチミ）、パンツ（カルトトーキョー）、ブレス（忘れた）、リング（もらいもの）、ネックレス（クレージュ）、サンダル、バッグ（ともにドールズ キル）／すべてモデル私物

おしゃべりなクローゼット最初の服は、気持ちが引き締まるものをと思って選んだコーデ。アイテムの中でもいちばん思い入れのあるブラウスと、お母さんの遺伝子を受け継いだアニマル柄、スラックス系のワイドパンツで合わせると……自分の定番が完成!

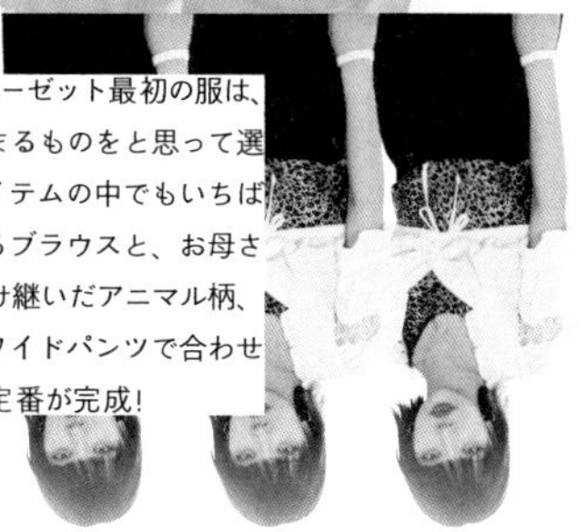

かてぃ春夏秋冬

コーデを組むとき気温のことは考えないけど、季節によって見える風景や感じることは違う。
一年を通して変わりゆくわたしの心情と、それが表れたコーデを披露。
（※コーデについた一言をその日のコスプレテーマだと思って読んでみましょう㊢）

春

わたしの服に花が咲き出したら春が始まったって合図

春になるとハッピースイッチが入る。それは多くの人が言う〝春の陽気〟とか〝桜の季節〟みたいな話とは関係なく、わたしは夏が待ち遠しくて気持ちが先を向いているのだ。朝や夜はまだ寒いなんていう言葉にも一切耳を貸さず、

アウターはさっさと脱ぎ捨てて、次のシーズンに向けて誰よりも薄着で過ごしてる。

トップス、バッグ（ともにドールズ キル）、デニムパンツ（ティンバーランド）、帽子（古着屋シュリ）、ピアス（mimi33）、ネックレス（クレージュ）、ベルト（韓国で購入）、シューズ（カルトトーキョー）／すべてモデル私物

春はFlower着がち

これは祝福の服だよ
「春だぜジョニー」

レッツサーチフォートゥモロー
〜未来に希望しかない〜

ブラウス（H&M）、パンツ（カルトトーキョー）、サングラス（ボニークライド）、ピアス（mimi33）、ネックレス（クレージュ）、シューズ（プラダ）／すべてモデル私物

ブラウス、パンツ（ともに韓国で購入）、ピアス（mimi33）、ネックレス（クレージュ）、ブーツ（カルトトーキョー）／すべてモデル私物

行楽は Animal 柄にて

アニマルはポイントだけ
春はピンクしか勝たん

草食動物着ながら
チョーハッツするオンナ

ライブに行きそうで
行かないタイプ

(左) トップスとパンツのセットアップ、インナー（すべてドールズ キル)、カチューシャ（韓国で購入)、バッグ(バレンシアガ）／すべてモデル私物　(中) Tシャツ（古着屋キンジ)、中に着たロンT（古着屋ベッド)、サングラス（フリーマーケット)、ピアス（mimi33)、ネックレス（クレージュ)、ソックス、シューズ（ともにバレンシアガ）／すべてモデル私物　(右) ワンピース（ドールズ キル)、中に着たロンT（カルトトーキョー)、サングラス(もらいもの)、ネックレス（クレージュ)、ソックス（ナイキ)、シューズ（プラダ）／すべてモデル私物

Anir

Anir
Anir
Anir

狩り？　ＵＦＯキャッチャー得意です、まじで

肩が出るくらいズルッとさせたい

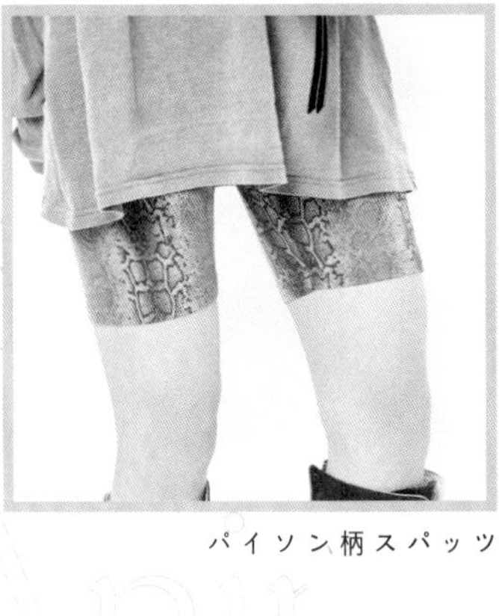

噛みつきそうなパイソン柄スパッツ

ロンＴ（友だちからの借りもの）、パンツ（フィグ・ヴァイパー）、バッグ（マークジェイコブス）、ピアス（mimi33）、ネックレス（クレージュ）、ブーツ（コンバース）／すべてモデル私物

a.

おばあちゃんの服だけど
自分的にデート服です

b.

なにも考えず
着替えるとジャージに
侵略されがち

c.

これ着てるときはだいたい
喫茶店行くってバレてる

d.

春って恋したく
なっちゃうよね
わたしを見て
春を感じてね

a.カーディガン（もらいもの）、スカート（古着屋フェイス）、ピアス（mimi33）、ネックレス（クレージュ）、バッグ（古着屋シモキタ ガレージ バイ ナバル）、シューズ（カルトトーキョー）／すべてモデル私物　b.トップス、パンツ（ともにアディダス）、ネックレス（クレージュ）、リュック（アレキサンダーワン）、ソックス（ナイキ）、シューズ（バレンシアガ）／すべてモデル私物　c.トップス（古着屋キンジ）、デニムパンツ、シューズ（ともに古着屋フェイス）、ピアス（mimi33）、ネックレス（クレージュ）、バッグ（ケイト スペード）／すべてモデル私物　d.ワンピース、ロンT（ともにドールズ キル）、バッグ（ナディア）、スニーカー（ミキオサカベ）／すべてモデル私物

e.

ザギンでシースーしようぜ
ネギトロ好きかてぃより

h.

あ、ちょうちょ捕まえたい！
～ヒッピー初級編～

g.

コンビニ行くときの格好を
スタイルブックに載せるオンナ

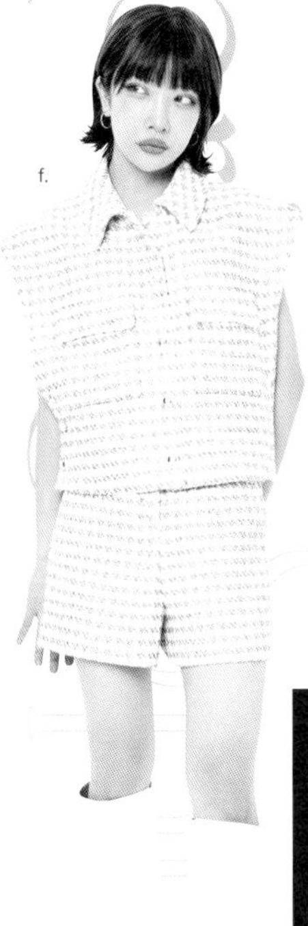

f.

友だちとおそろで買ったけど
まだ着たことないごめん

e.トップス、パンプス（ともに韓国で購入）、バッグ（シャネル）／すべてモデル私物　f.トップス、パンツ（ともにザラ）、ピアス（mimi33）、ブーツ（カルトトーキョー）／すべてモデル私物　g.トップス（古着屋スモッグ）、パンツ（中学校指定のもの）、ピアス（mimi33）、ネックレス（クレージュ）、ブレスレット（カルトトーキョー）、リング（もらいもの）、バッグ（ルイ ヴィトン）、ソックス（ナイキ）、シューズ（バレンシアガ）／すべてモデル私物　h.トップス、パンツ（ともにドールズ キル）、ピアス（mimi33）、ネックレス（クレージュ）、ブレスレット（ファンの子の手作り）、シューズ（古着屋フェイス）／すべてモデル私物

図書館で勉強なんか
しちゃったりして？

血迷った格好もするけど
どうか許して欲しい

（左）トップス（古着屋イチミ）、パンツ（爆安屋）、ヘッドドレス（ベイビー ザ スターズシャインブライト）、ピアス（mimi33）、ネックレス（クレージュ）、バッグ、ブーツ（ともにカルトトーキョー）／すべてモデル私物
（右）トップス（ウィゴー）、パンツ（スタイルナンダ）、リボンバレッタ（ドールズ キル）、ピアス（mimi33）、ネックレス（クレージュ）、シューズ（古着屋フェイス）／すべてモデル私物

Spring

恥ずかしくて着れないベストを
マイケルと着たら勇気が出た

これ着てどこに行くと思う？
ライブの遠征だよ

(左) デニムベスト (古着屋キンジ)、Tシャツ (マイケル ジャクソンオフィシャルショップ)、帽子 (古着屋フラミンゴ下北沢店)、ピアス (mimi33)、ネックレス (クレージュ)、ソックス (ナイキ)、シューズ (バレンシアガ) ／すべてモデル私物
(右) トップス (H&M)、パンツ (韓国で購入)、帽子 (モードオフ)、ピアス (mimi33)、ネックレス (クレージュ)、バッグ (サンローラン)、ブーツ (コンバース) ／すべてモデル私物

夏

水中よし、バディよし、
ゴーグルよし、飛び込みます

夏だよ、わたしの季節だよ！　洋服も薄着になるし、まさに地球に優しい季節だね。
毎日ラクな格好ができるのがすっごい幸せ。お店に行っても周り見ても、気分アガる服が多くなるしね。ついでにこのまま海にも入っちゃおっかな！
そんな気持ちで、毎年露出狂が仕上がる。日本の夏、もっと長くても全然ウェルカム。

トップス（アイアムジーア）、インナー（ウィゴー）、パンツ（ザラ）、ピアス（マーク ジェイコブス）、ネックレス（プレイボーイ）、バッグ（ドールズキル）、シューズ（プラダ）／すべてモデル私物

ツヨメなカラー Love

ギャルがくれたぱんちゅ
コーデ激ムズで逆に愛しい

タトゥでも入れに
行っちゃおうかなー？

(下) トップス (古着屋ニューヨークジョー 下北沢店)、パンツ (古着屋ブービートラップ)、帽子 (カルバンクライン)、パールネックレス (ヴィンテージ)、シルバーネックレス (クレージュ)、シューズ (カルトトーキョー) ／すべてモデル私物　(右) トップス (メルカリ)、パンツ (アディダス)、帽子 (古着屋シュリ)、ピアス (マーク ジェイコブス)、ネックレス (クレージュ)、ブレスレット (カルトトーキョー)、バッグ (古着屋シモキタ ガレージ バイ ナバル)、シューズ (ドールズ キル) ／すべてモデル私物

One Piece が着たい、夏。

泥棒をしようとしても
派手すぎて向いていない人

ギャル店員を見て憧れて
買ったけど想像となんか違う

去年クソ着すぎて飽きたけど
捨てられないから結局着る

(右上) ワンピース (ドールズ キル)、スカーフ (ザ・ヴァージンズ)、サングラス (グッチ)、ブーツ (コンバース) ／すべてモデル私物　(上) ワンピース (コビナイ)、サングラス (フリーマーケット)、ネックレス (古着屋フェイス)、ブーツ (コンバース) ／すべてモデル私物　(右) ロンパース (H&M)、サングラス (ジェントルモンスター)、ソックス (横須賀で購入)、パンプス (韓国で購入) ／すべてモデル私物

One Piece

せっかくおしゃれしたのに
パンツは洗濯機で縮んでる

大きいリボン2個つけると
まとめ髪がかわいくなる

レースワンピに合わせた
ガーリーアームウォーマー

ワンピース（ユニフ）、パンツ（古着屋イチミ）、リボン（ドールズ キル）、パールネックレス（ヴィンテージ）、シルバーネックレス（クレージュ）、アームウォーマー（スタイルナンダ）、シューズ（古着屋フェイス）／すべてモデル私物

夏に登場しがち
スポーティー／パンティ／かてぃ

a.

汚れても目立たないんだよね
今からサバゲーしに行かね？

c.

なっちゃった
ポップなヤミ金

d.

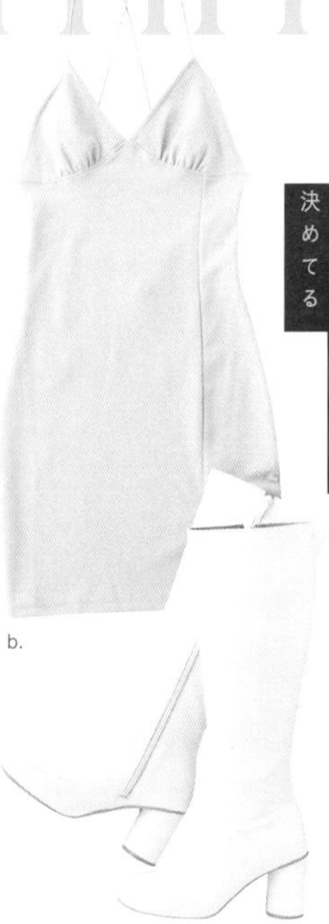

ハンナモンタナ
デビューはこれって
決めてる

b.

a.トップス（スタイルナンダ）、パンツ（古着屋イチミ）、インナー（アレキサンダーワン）、ピアス（マークジェイコブス）、ネックレス（プレイボーイ）、ソックス、シューズ（ともにバレンシアガ）／すべてモデル私物　b.ワンピース（H&M）、ブーツ（カルトトーキョー）／ともにモデル私物　c.ベスト（古着屋ザライト）、ベルト（韓国で購入）、ネックレス（プレイボーイ）、シューズ（カルトトーキョー）／すべてモデル私物　d.ピンクキャミ（古着屋イチミ）、上に重ねたインナー、ベルト（ともに古着屋フェイス）、パンツ、スカーフ（ともに古着屋キンジ）、バッグ（セリーヌ）、ソックス（グッチ）、シューズ（カルトトーキョー）／すべてモデル私物

Summer

e.

これで海は行けねーから
海、ナメんな？

g.

キャミ500円だよ
安くない〜？って
みんなに言い回りたい

h.

ねえレオン
わたしマチルダになれてる？

f.

ゴシップガールで来た
見たことないけど

e.トップス、シューズ（ともにドールズ キル）、パンツ（バブルス）／すべてモデル私物　f.トップス（スタイルナンダ）、スカート（バーバリー）、カチューシャ（H&M）、ネックレス（クレージュ）、バッグ（ドールズ キル）、ソックス（100円ショップ）、シューズ（古着屋フェイス）／すべてモデル私物　g.トップス（メルカリ）、パンツ（ティンバーランド）、ピアス（H・M）、ネックレス（クレージュ）、バッグ、シューズ（ともにドールズ キル）、ベルト（韓国で購入）／すべてモデル私物　h.トップス（スタイルナンダ）、パンツ、ベルト（ともに韓国で購入）、帽子（古着屋フラミンゴ下北沢店）、ネックレス（クレージュ）、シューズ（バレンシアガ）／すべてモデル私物

わりとスタンダードな夏スタイルがこーゆうの

トップス（ウィゴー）、パンツ（アトモス ピンク）、シューズ（ドールズ キル）／すべてモデル私物

ヱヴァンゲリヲンと言われるの納得してない

ワンピース（アメリカン デポ）、パンツ（モードオフ）、ネックレス（もらいもの）、ルーズソックス（しまむら）、シューズ（ミキオサカベ）／すべてモデル私物

大好きなTシャツとパンツに
初めてヒールを合わせる

トップス（ひみつ）、パンツ（古着屋ニューヨークジョー下北沢店）、ネックレス（古着屋フェイス）、バックパック（スラッシャー）、シューズ（韓国で購入）／すべてモデル私物

フォーマルな会に行く
きちんとしたかてぃ

ベスト（古着屋キンジ）、ブラウス（フォーラブ・レモンズ）、パンツ（韓国で購入）、リボンバレッタ（ドールズ キル）、ピアス（ヴィヴィアン ウエストウッド）、バッグ（シャネル）、ソックス（横須賀で購入）、シューズ（プラダ）／すべてモデル私物

秋

ジャージがあれば
生きていける（秋は）

女の子たちって秋は茶色になりがちなのを知ってるから、わたしは着ないと思ってたけど、服引っ張り出してみたらわりとちゃんと茶色だった。でも女の子っぽくなりすぎたくないから、ベージュじゃなくてブラウンっていうのだけは意識してる。あと気温がわからないからちょっと迷うんだよね。たまに夏だろっていうのもある。

ジャージ（アディダス）、ワンピース（もらいもの）、バッグ（古着屋キンジ）、ピアス（mimi33）、ブーツ（ティンバーランド）／すべてモデル私物

秋です、Brown に着替えましょう

ジャケットはワンピですそわんそわんがくれました

ちょっとお買い物へ行き先は激安スーパーだけど

(左) トップス (H&M)、インナー、スカート (ともにメルカリ)、ベルト (もらいもの)、バッグ (グッチ)、シューズ (ドールズ キル) /すべてモデル私物 (右) ジャケット (ハニーミーハニー)、インナー (ウィゴー)、メガネ (ナディア)、ピアス (mimi33)、ネックレス (クレージュ)、ブーツ (ティンバーランド) /すべてモデル私物

Autumn

オラつきたい Season 到来

いつも、これで外歩くと
通行人、よけてくれる

とりあえず動物入れとくと
なんかいいことあるかもね

自分の身を守るための
チンピラ（風）通ります

（左）シャツ（古着屋キンジ）、パンツ（スタイルナンダ）、メガネ（フリーマーケット）、ピアス（mimi33）、ネックレス（クレージュ）、バッグ（ルイ ヴィトン）、シューズ（プラダ）／すべてモデル私物　（中）シャツ（古着屋キンジ）、パンツ、シューズ（ともに韓国で購入）／すべてモデル私物　（右）Tシャツ（S'YTE）、中に着たロンT、シューズ（ともにカルトトーキョー）、パンツ（ディッキーズ）、サングラス（フリーマーケット）／すべてモデル私物

Season
Season

ボロボロであるほど
服を愛しく思うのだ

わからんと思うけど
背中パッカー開いてる

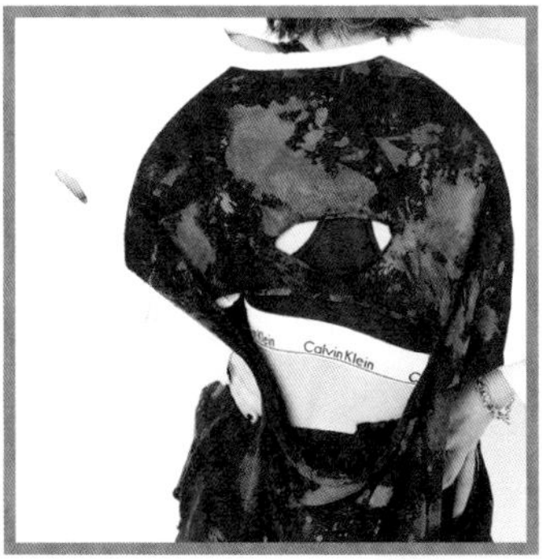

裾の穴から
スカート見せたい

トップス（リョウカワチ）、スカート（古着屋フェイス）、サングラス（スタイルナンダ）、ピアス（mimi33）、シューズ（ドクターマーチン）／すべてモデル私物

a.

下北沢エンジョイコーデ
白だから汚れに
気をつけろ

b.

ゴミの日の
朝コーデもスタイル
ブックに（以下略）

d.

寒波に負けるな！
おしゃれはガマン！

c.

秋だしとりあえず
バーバリー着とけ？

a.ニット（古着屋ベッド）、インナー（カルバンクライン）、スカート（古着屋フェイス）、ピアス（mimi33）、ネックレス（古着屋フラミンゴ）、ブレスレット（もらいもの）、バッグ（ルイ ヴィトン）、ブーツ（OK）／すべてモデル私物　b.トップス（アディダス）、ワンピース（ドールズ キル）、ブーツ（コンバース）／すべてモデル私物
c.ワンピース（バーバリー）、中に着たロンT、バッグ（ともにドールズ キル）、ピアス（mimi33）、ブーツ（ドクターマーチン）／すべてモデル私物　d.トップス、パンツ（ともにニードルズ）、ネックレス（不明）、財布（シャネル）、シューズ（ナイキ）／すべてモデル私物

わたしのスタンダード
これってズレてる？

e.

浮かれた秋、これで
街歩けるか一瞬悩んだけど
歩くことにした

f.

g.

かわいいから着たいけど
呪われてるワンピース

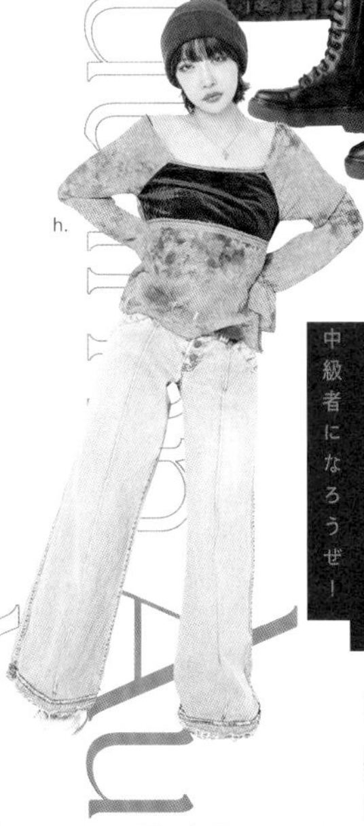

h.

ベロアやウォッシュ
加工デニムでヒッピー
中級者になろうぜー！

e.トップス（メルカリ）、中に着たロンT（古着屋フェイス）、パンツ（ティンバーランド）、帽子（カルトトーキョー）、ピアス（mimi33）、ベルト（韓国で購入）、シューズ（ナイキ）／すべてモデル私物　f.ワンピース（コビナイ）、中に着たロンT、ネックレス（ともに古着屋ベッド）、ピアス（mimi33）、ソックス（グッチ）、シューズ（古着屋フェイス）／すべてモデル私物　g.ワンピース（呪われすぎてひみつ）、ブーツ（韓国で購入）／ともにモデル私物　h.トップス（メルカリ）、パンツ（ザラ）、帽子（ウィゴー）、シューズ（ナイキ）／すべてモデル私物

Autum

休暇はのどかな別荘地に
行きたいなハバナイスデー

ワンピース（リトルトリップトゥーヘブン）、帽子（モードオフ）、ネックレス（クレージュ）、ブレスレット（もらいもの）、バッグ（カルトトーキョー）、シューズ（古着屋フェイス）／すべてモデル私物

ヒッピー化が止まらない
かてぃのヒッピー上級編

ニット、パンツ（ともに古着屋ピンナップ）、インナー（メルカリ）、帽子（古着屋シュリ）、ネックレス（クレージュ）、ブレスレット（もらいもの）、バッグ（古着屋ニューヨークジョー下北沢店）、シューズ（古着屋フェイス）／すべてモデル私物

できるはずの谷間がないけど元気に生きてる

Autumn

読んだことないけど多分漫画「NANA」に出てくる

（左）ワンピース（古着屋バラックルーム）、リボンバレッタ（ドールズ キル）、ネックレス（クレージュ）、ソックス（ナイキ）、シューズ（プラダ）／すべてモデル私物　（右）トップス（コム デ ギャルソン）、ワンピース（メルカリ）、ヘッドドレス（リトルトリップトゥーヘブン）、ネックレス（カルトトーキョー）、バッグ（ドールズ キル）、ブーツ（ドクターマーチン）／すべてモデル私物

冬

全身レザーをまとって
脅しにいく準備は完了

冬はアウターを着るけど、わたしはアウターに服を合わせるのが嫌。アウターに寄せないために、上を脱ぐことを前提にその日着たい服でコーデしている。じゃないと、途中で後悔しちゃうからね。あと夏はオンナっぽいけど、冬は黒い服も多めになるから、男っぽさやカッコよさみたいなのも表れてくるから見てほしい。

レザー（古着屋キンジ）、サングラス（ジェントルモンスター）、ネックレス（クレージュ）、ブーツ（ドクターマーチン）／すべてモデル私物

今日は渋谷で朝まで遊ぶよ
みんなついてきな！

借りパクのファーあったかいよ
早くウチに取りに来て

ファー（もらいもの）、ワンピース（ドールズ キル）、サングラス（プラダ）、ピアス（フォーエバー21）、ブーツ（韓国で購入）／すべてモデル私物

ファー（借りもの）、トップス（ドールズ キル）、スカート（ヴィヴィアン ウエストウッド）、ピアス（mimi33）、ネックレス（スタイルナンダ）、ソックス（100円ショップ）、シューズ（プラダ）／すべてモデル私物

圧迫感ないやつは Outerwear と認めない

黒映えする Winter

冬の正装です。嘘みたいですが
これで冬乗り越えてます

クラシカルな
服も楽しい冬の
空気感っていいな

ダンスの帰り道は
冬でもわたしだけ暑そう

（上）ジャケット（モードオフ下北沢店）、インナー（ウィゴー）、パンツ（スタイルナンダ）、ピアス（ヴィヴィアンウエストウッド）、ネックレス（古着屋ベッド）、シューズ（プラダ）／すべてモデル私物　（中）トップス（ひみつ）、パンツ（もらいもの）、カチューシャ（H&M）、ピアス（リトルトリップトゥーヘブン）、シューズ（プラダ）／すべてモデル私物　（下）アウターとパンツのセットアップ（ドールズ キル）、インナー（トミー ヒルフィガー）、ピアス（フォーエバー21）、バッグ（サンローラン）、シューズ（ミキオサカベ）／すべてモデル私物

アウターのデザインが
変わっていて目を引く

韓国の服が好きな
チャイニーズマフィア

アウター（中国で購入）、中に着たブラウス、バッグ、ブーツ（すべて韓国で購入）、スカート（シュシュ／トング）、ピアス（mimi33）／すべてモデル私物

ミディ丈スカートは
露出あると心安らぐ

リズリサ古着をこんなに
かわいく着こなしちゃうぞ

a.

ニット着てたら
暑いからインナー
脱いどいた

b.

さぁ一緒に心の汗を
流そうぜカモン！

c.

遠くまで行きたくなる
大好きベロアざんまい

d.

a.ベスト（もらいもの）、中に着たブラウス（リトルトリップトゥーヘブン）、パンツ（リズリサ）、ピアス（ヴィヴィアン ウエストウッド）、バッグ（おじいちゃんの古着店）、シューズ（古着屋フェイス）／すべてモデル私物　b.カーディガン（もらいもの）、インナー（ウィゴー）、パンツ（ドールズ キル）、ピアス（mimi33）、バッグ（バレンシアガ）、シューズ（ナイキ）／すべてモデル私物　c.トップス（アディダス）、パンツ（古着屋ニューヨークジョー下北沢店）、ピアス（mimi33）、ネックレス（古着屋ベッド）、シューズ（ナイキ）／すべてモデル私物　d.トップス（古着屋シュリ）、パンツ（ドールズ キル）、ブーツ（ティンバーランド）／すべてモデル私物

e.アウター（古着屋フェイス）、インナー（古着屋キンジ）、パンツ（古着屋ピンナップ）、パンプス（韓国で購入）／すべてモデル私物　f.デニムベスト（古着屋キンジ）、中に着たジャージ（アディダス）、パンツ（ティンバーランド）、ピアス（mimi33）、シューズ（古着屋フェイス）／すべてモデル私物
g.ファー（L.H.P）、トップス（中国で購入）、パンツ（バブルス）、ピアス（mimi33）、ネックレス（古着屋フェイス）、シューズ（プラダ）／すべてモデル私　h.ワンピース（ドールズ キル）、中に着たジャージ（アディダス）、バッグ（クレージュ）、ブーツ（コンバース）／すべてモデル私物

e.

レザー×レザーだから
髪型はオールバックで

f.

デニムでサンドイッチしたジャージの着方マネしてね

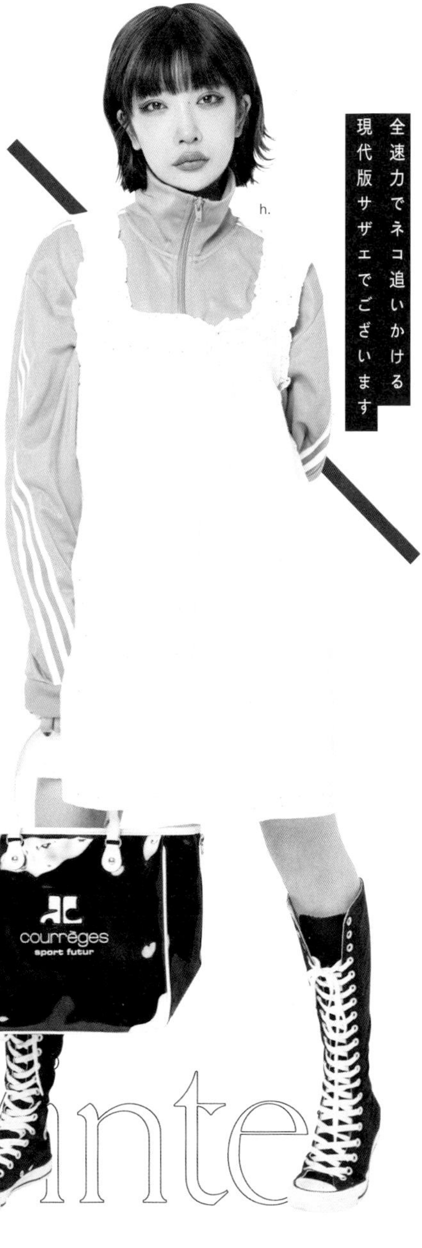

h.

全速力でネコ追いかける
現代版サザエでございます

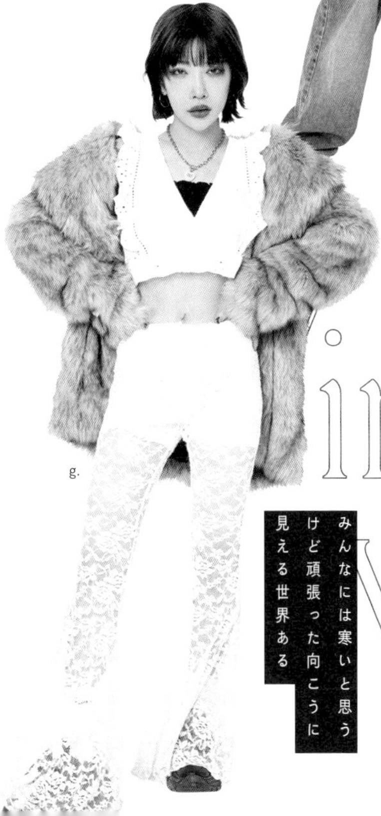

g.

みんなには寒いと思う
けど頑張った向こうに
見える世界ある

下にレギンスもはいてね、韓国マジさみぃから！

最近好きなブラウンのセットアップでバブリー

（左）アウター（アディダス）、パンツ（爆安屋）、シューズ（プラダ）／すべてモデル私物 （右）トップスとパンツのセットアップ（古着屋フェイス）、ファー（古着屋キンジ）、ピアス（mimi33）、バッグ（ケイト スペード）、ブーツ（カルトトーキョー）／すべてモデル私物

メンズアイドルか
大阪帰りのテンションか

恵比寿に行く風だけど
実際は中華街に行った

（左）アウター（ザラ）、中に着たトップス（H&M）、カチューシャ（ドールズ キル）、ピアス（mimi33）、ネックレス（古着屋フェイス）、バッグ（シャネル）、ブーツ（カルトトーキョー）／すべてモデル私物　（右）レザー（古着屋フェイス）、インナー（ウィゴー）、パンツ（古着屋キンジ）、ピアス（フォーエバー21）、ブーツ（ドクターマーチン）／すべてモデル私物

ASH

PURPLE

Chapter 3. ファッションは「ヘア

ヘアカラーはひと月のうちで何度も変えてしまうわた

普段のメイクからもちょっと離れて、髪色とバランスが合う

カラーで人格変わるでしょ

カラー至上主義」

し。なりたい人格が現れたら髪色を真っ先に変える。
ようにメイクも服も変えている。それで新しい人格、完成。

ASH hair

アッシュはわたし的にも慣れてるWスタンダードカラー。
そんなに明るすぎないから、メイクもファッションも、
わたしの持ってるバリエーションで
似合わないものがないから扱いやすい。
特にファッションはNGなしで自由自在。
リップの色だけ、濃すぎるとギャルに
なってしまうから、薄い色を選んでるよ。

キャミソール¥11,000／ヴィアヴァンダ（株式会社エックスナインデザインラボ）その他／スタイリスト私物

a.3CE マルチアイカラーパレット #BUTTER CREAM　b.ミュード インスパイアカーリングマスカラ 01　c.ケイト レアフィットジェルペンシル BK-1　d.イニスフリー トゥインクル グリッター 1　e.エチュードハウス ベターリップトーク ベルベット BE104

HOW TO

メイクもアレンジ

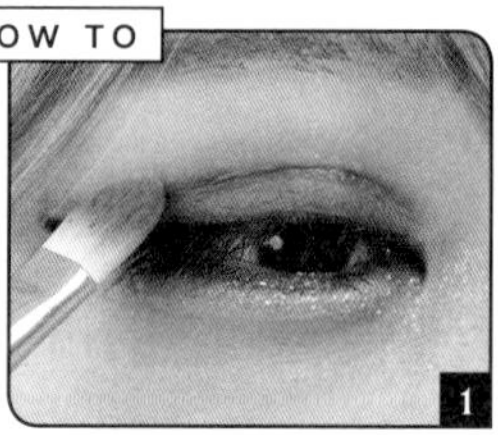

aのパレットの①を涙袋に塗り、②をアイホールに広げる。③を目尻の下の1/3に入れる。

→

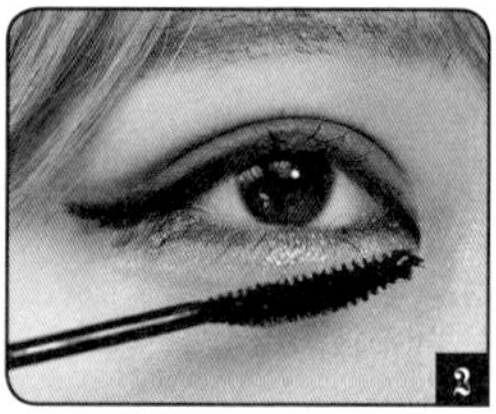

bでまつ毛を塗る。下まつ毛は特にしっかり濃いめに塗って、まつ毛の存在感を出す。

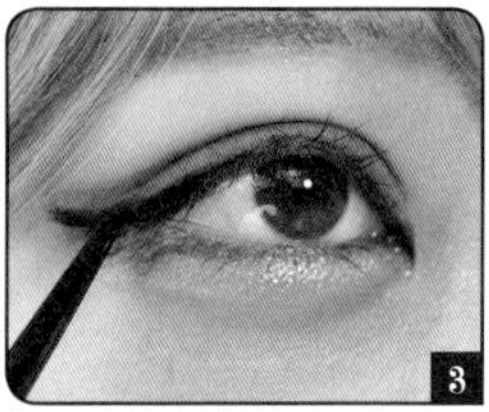

cのアイラインは、目のキワには入れずに目尻だけ描き足す。太くハネ上げるようにして。

→

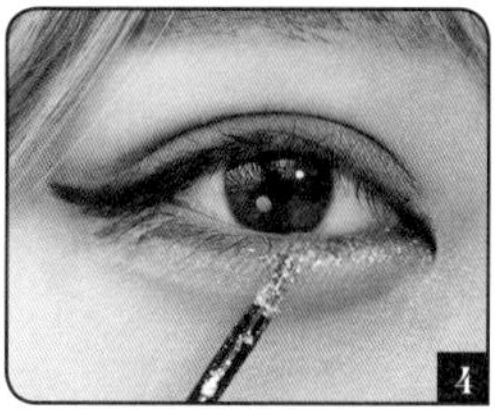

下まぶたの目頭寄り1/3のところにdを細めに入れ、シルバーのキラキラ感をアピる。

→

リップはベージュ系でマットな質感のものをチョイス。eを唇にクソ厚めでしっかり塗る。

ASH

ASH hair

アッシュヘア×ファッション

fashion

誰にも話しかけられたくない
そういう感じはよく出すほう

ジャケット（中国で購入）、インナー、キャップ（ともにウィゴー）、ピアス（mimi33）、ネックレス（クレージュ）、パンツ（アディダス）、サングラス（THE HERE' s 2 LYFE）、シューズ（ナイキ）／すべてモデル私物

英語でタイトルつけるなら
ゴー・マイウェイ・ホワイト

ファーアウター（古着屋キンジ）、ワンピース（ユニフ）、キャップ（カルバンクライン）、ピアス（mimi33）、ネックレス（クレージュ）、バッグ（スタイルナンダ）、ソックス（100円ショップ）、シューズ（カルトトーキョー）／すべてモデル私物

バスでよく人に見られる
妖精かなにかと思ってる？

ワンピース、バレッタ（ともにドールズ キル）、インナー（ウィゴー）、ピアス（mimi33）、ネックレス（クレージュ）、バッグ（ルイ ヴィトン）、ブーツ（スタイルナンダ）／すべてモデル私物

1回しか着たことない服でも
なんでも合うアッシュ強い

トップス（古着屋シュリ）、パンツ（カルトトーキョー）、ピアス（mimi33）、ネックレス（クレージュ）、ブレスレット（もらいもの）、シューズ（韓国で購入）／すべてモデル私物

PINK hair

ピンクのヘアカラーのときのメイクは、
ブラウン系を合わせるのが好き。チークも
赤系にするとかわいくなりすぎるのでブラウンに、
リップだけは多少、濃くてもいいかも。ちなみに
ピンクの髪で撮影したMVでは、このメイクだった。
ファッションは乙女にならないように、
強めなアイテムとかでカムフラージュさせとこう。

Tシャツ¥12,100／ヴィアヴァンダ（株式会社エックスナインデザインラボ）　その他／スタイリスト私物

a.3CE マルチ アイカラー パレット #BUTTER CREAM　b.フラワーノーズ ユニコーンシリーズ アイシャドウパレット #アンバーサンセット　c.3CE テイクアレイヤー マルチポット #DIOTIMA　d.3ce グロービーム ハイライター # GO TO SHOW　e.3CE ソフト マット リップスティック #OVER IT

HOW TO

メイクもアレンジ

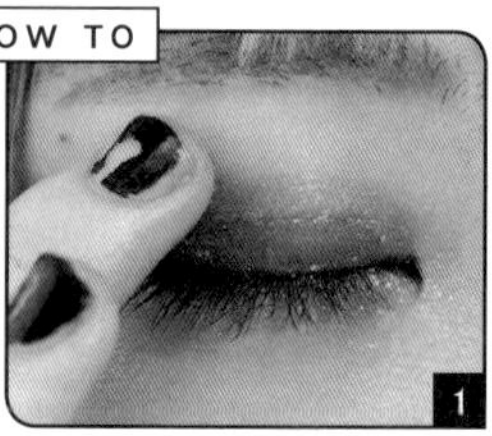

1

aの①をアイホール全体に塗って、bの②を目のキワに入れ、③をアイホールにさらにぶち込む。

→

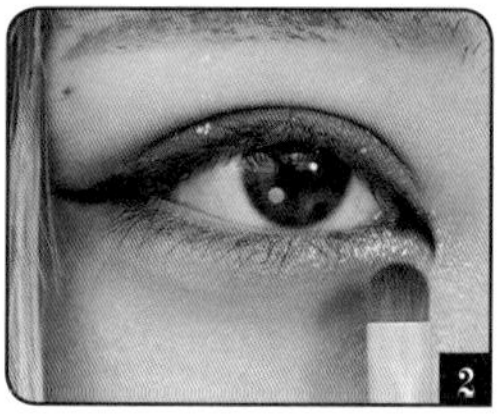

2

涙袋の上にbの④をのせて、目頭の下1/3に、aの⑤をラインのように引いて入れる。

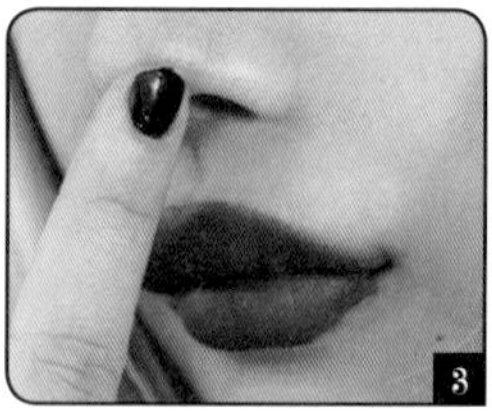

3

cのチークを頬の高めの位置に入れたら、指先を使い、鼻の先にもちょんちょんと色をつける。

→

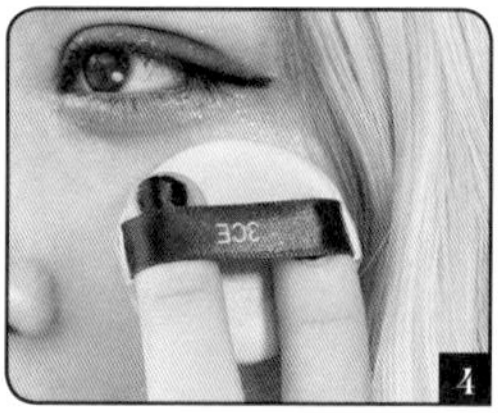

4

dのハイライトを頬骨、鼻筋、鼻先、あごの高いところに入れる。パフタイプがラクちん。

→

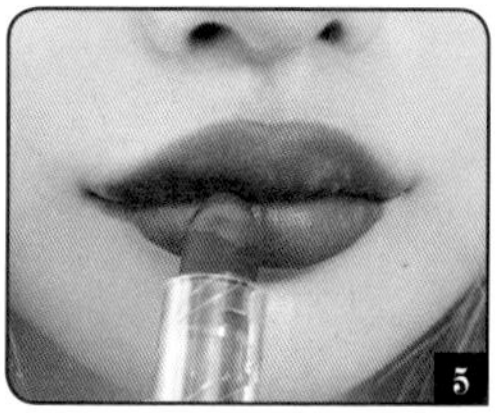

5

リップはマット系の濃い赤が特徴のeで顔の印象を引き締める。塗り方は普通でOK。

PINK

PINK hair
ピンクヘア × ファッション
fashion

このストロベリー感
無意識バレンタインデー

トップス、インナー、パンツ（すべて古着屋イチミ）、ネックレス（クレージュ）、シューズ（古着屋フェイス）／すべてモデル私物

おばあちゃんになっても
こんな格好している人生設計

ワンピース（H&M）、ヘッドドレス（リトルトリップトゥーヘブン）、ピアス（mimi33）、ネックレス（クレージュ）、パンプス（スタイルナンダ）／すべてモデル私物

断れなくて買ったブーツ
ここで履いたっていう顔

トップス（もらいもの）、サングラス（フリーマーケット）、ピアス（mimi33）、ネックレス（クレージュ）、ブーツ（ティンバーランド）／すべてモデル私物

こちらは大きく見せようと
しているときの正装です

ジャケット（古着屋モードオフ下北沢店）、インナー（ドールズ キル）、スカート（ヴィヴィアン ウエストウッド）、ピアス（mimi33）、ネックレス（クレージュ）、バッグ（サンローラン）、ソックス（ナイキ）、シューズ（プラダ）／すべてモデル私物

PURPLE hair

浮世離れ感のあるパープル。このカラーのときは
気をつけないとコスプレっぽく見えるので、
メイクではカラフルな色は入れず、暗めでまとめよう。
メイクが薄すぎても奇抜い髪色とバランスが
取れないから、リップは2色使いにして内側に
濃い色を仕込んだよ。服も気をつけないと
浮くから、黒など暗めで合わせるのがおすすめ。

a.アディクション ザ アイシャドウ 009P　b.エチュード プレイカラーアイパレット レオパードランウェイ　c.フラワーノーズ ユニコーンシリーズ アイシャドウパレット #アンバーサンセット　d.イニスフリー トゥインクル グリッター 1　e.3CE ソフト マット リップスティック #KIND · LOVE　f.トム フォード リップカラー #81

カーディガン¥13,200／ガールズソサエティ　その他／スタイリスト私物

HOW TO
メイクもアレンジ

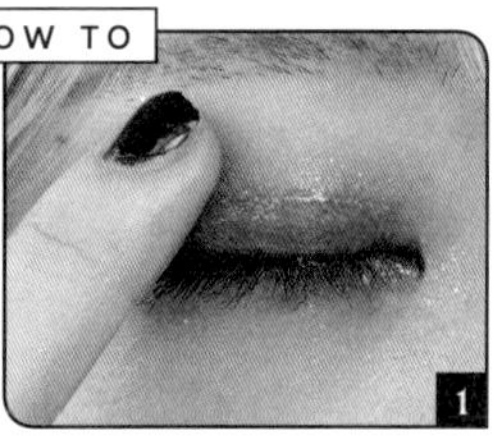

1

パール感と落ち着き感のある色みのaを指で取り、アイホール全体に広げるようにのせる。

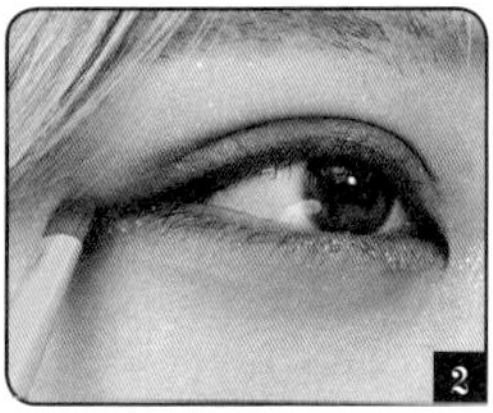

2

bの①もアイホールに重ねてのせ、②のカラーを目尻の上にグラデーションになるようにのせる。

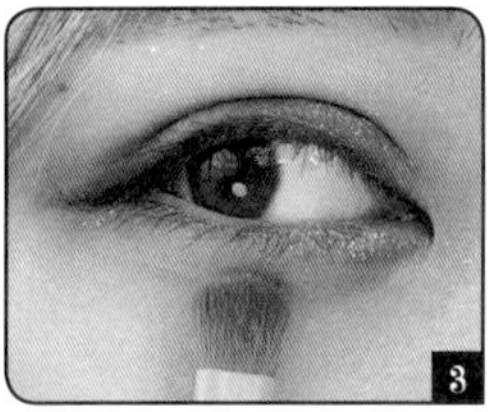

3

下まぶた全体にcの③を重ねて、涙袋に立体感を出す。茶系シャドウで目の周りを囲みメイク。

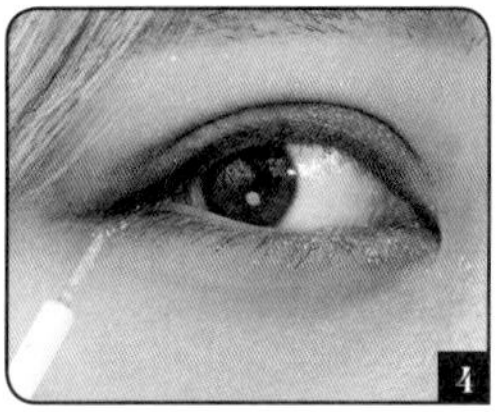

4

dを目尻のハネ上げラインの下になぞるようにして入れ、目頭の下1/3にも入れる。

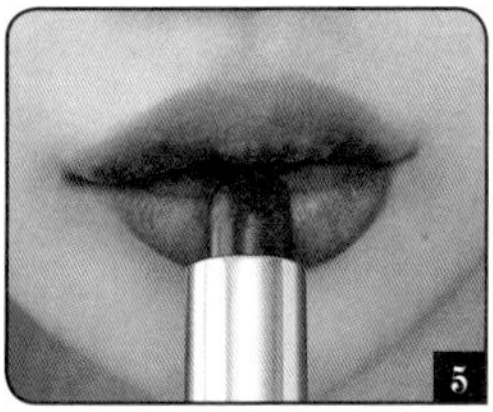

5

eのリップでまず全体を塗ったあと、fのリップを唇の内側だけに重ねて陰影をつける。

PURPLE

PURPLE hair
パープルヘア × ファッション
fashion

ライブ終わりはだいたい
半端なコスプレイヤーになる

トップス（スタイルナンダ）、パンツ（古着屋フェイス）、カチューシャ、アームウォーマー、パンプス（すべて韓国で購入）、ネックレス（クレージュ）／すべてモデル私物

紫のときの正解出すなら
モノトーンとシンプルとラク

トップス（アディダス）、パンツ（スタイルナンダ）、帽子（もらいもの）、ピアス（mimi33）、ネックレス（クレージュ）、サンダル（ドールズ キル）／すべてモデル私物

秋の王道は
レザー・レザー・エナメル

ライダース、ワンピース（ともに古着屋フェイス）、帽子（ヨウジヤマモト）、ピアス（mimi33）、ネックレス（クレージュ）、バッグ（ドールズ キル）、ブーツ（ドクターマーチン）／すべてモデル私物

ハイトーンのとき
だいたいこの服着ています

トップス（古着屋ニューヨークジョー）、パンツ（アトモス ピンク）、メガネ（カルトトーキョー）、ピアス（mimi33）、ネックレス（クレージュ）、バッグ（マークジェイコブス）、シューズ（古着屋フェイス）／すべてモデル私物

CULTに込めた叫び。

Chapter 4.

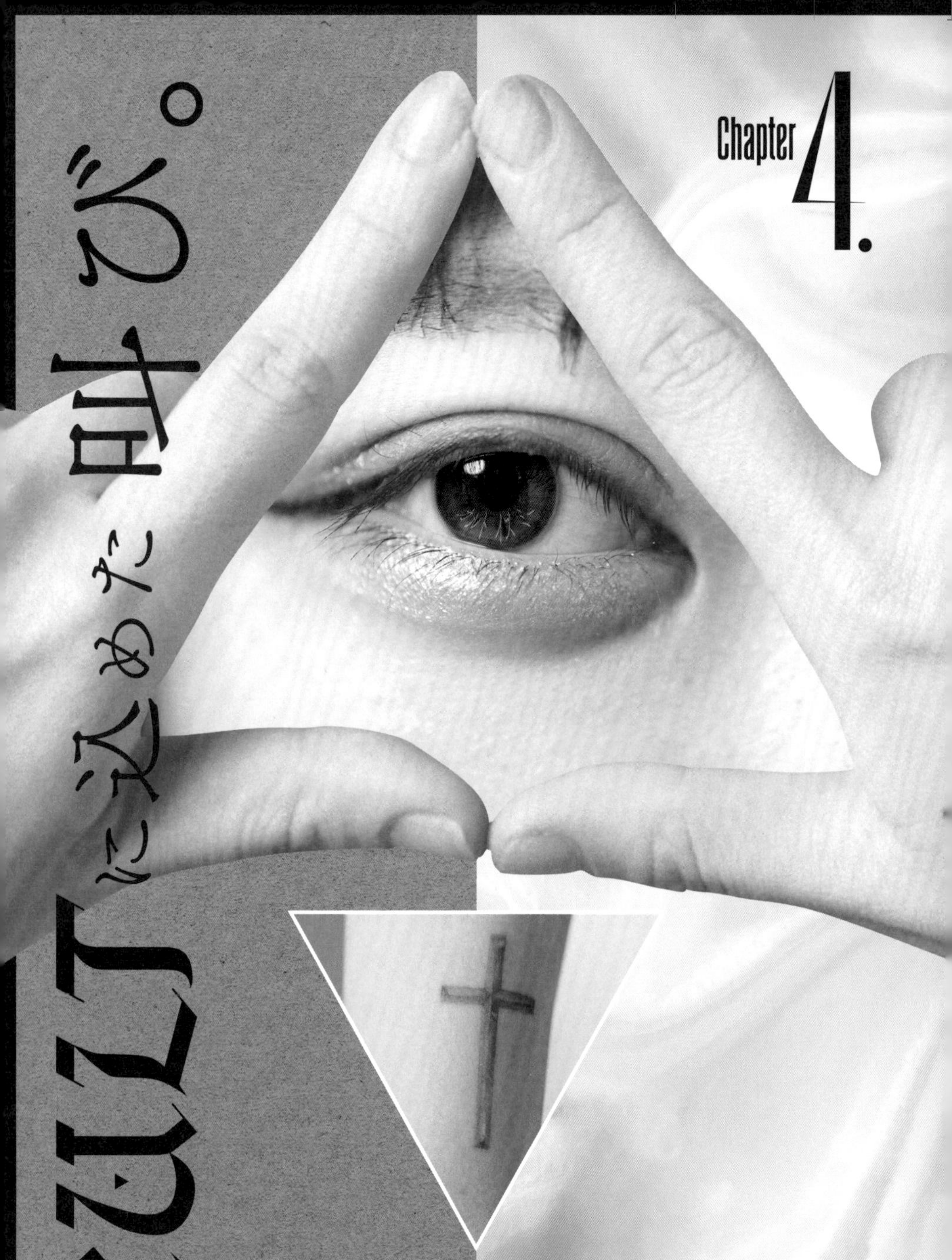

2019年に立ち上げてからありがたいことに
たくさんの人に受け入れてもらえたカルトトーキョー。
わたしがアイドルをしながらブランドを立ち上げた理由や、
今後どうしていきたいかっていう気持ちとか。
どこにも吐き出すことのなかった想い、叫ばせて。

アイドル活動中のわたしは、世の中にポップな服がないことがすごく不満だった。好きなブランドは売れ線に変わったり、ブランド自体なくなっちゃったりするし。本当にツボな服がなかなかなくて、古着屋で発掘を繰り返す日々を送ってた。そんなとき、元アパレルバイト仲間のひと声で作ることになった「カルト」。わたしたちの考えるかわいい服を、世の中に発信しようじゃないかって、2019年春に立ち上がった。

始めるときは、アメリカのギャルみたいな明るいイメージを考えてたけど、作ってみたら全然逆のモノクロなアイテムがメインになった。モノクロは着やすいけど、わたしは派手なものも作りたいってずっと思ってた。それで、ブランド内で何度も話し合った結

果、やっと2021年の夏はポッピーなアイテムをたくさん作れてニコニコしてる。

服のセンスはいつか変わるものだと思う。数年後は着ないから諦めようって、無難な服を買う人もいると思う。だけどわたしは、その瞬間にかわいいと思った服を着て、そのときのテンションを上げることを絶対に諦められなかった。だって、未来の自分と同じくらい今の自分って大事でしょ。だから、みんなにも自分の好きな服を諦めないで、ハッピーに生きてほしいんだ。

そうやって、みんなの背中を押す手段が今までは歌だったけど、ファッションでも喜んでもらえたらうれしい。これからもみんなの日常の一部に、いろんな形でいさせてね。

CULT マスターピース

今までに話題になったカルトのアイテムを、思い出とともに紹介。
これからも最高を更新するアイテムを作ってくのでお楽しみに。

CULT ファーストアイテムは Angel Punk T-shirt

最初はカルトのブランドカラーを決めたくて、
ブルーだなってことで作ったTシャツ。
外注もなしだったから思い入れがあり、
カルトのTシャツの中でもいちばん好きかも。

定番人気は Smorking Goods

作ってみて意外と喫煙者いるんだなーって思った。
あと高校生の子とかは灰皿をアクセサリー入れに
したり、ライターでビューラー温めたり、
いろんな使い方をしてくれてうれしい。

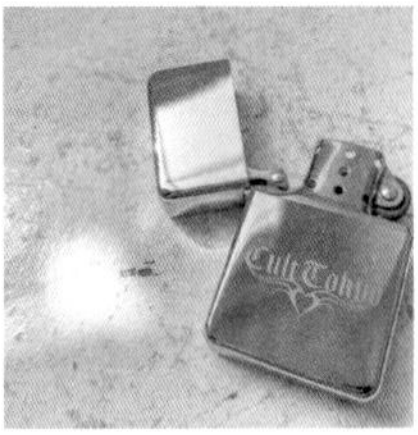

大反響は Butterfly T-shirt

好きなちょうちょをモチーフにして
白と黒の2色展開にしてみた。
受注生産だったけど、過去イチ注文が
入ったって聞いて驚いた。
みんなたくさん着てくれてるといいな。

One-piece

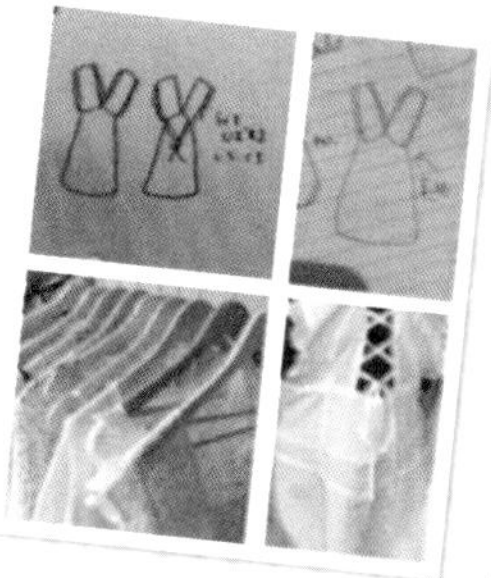

Set-up

Scarf

刺繍

Socks

update

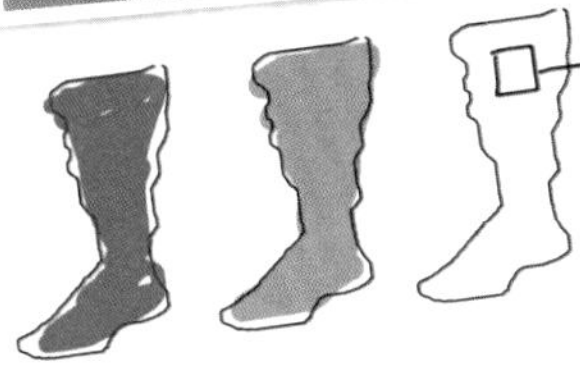

かるととーきょー

初出しラフスケッチ

カルトのイメージ出しはわたしが担当。
ここで出してるラフスケッチは2020年夏アイテムのもの。
かわいいアイテムを思いついたらノートや
スマホに描き出して、仲間にどんどん送ってる。
それがカルトの服として生まれてくる。

Sakosh

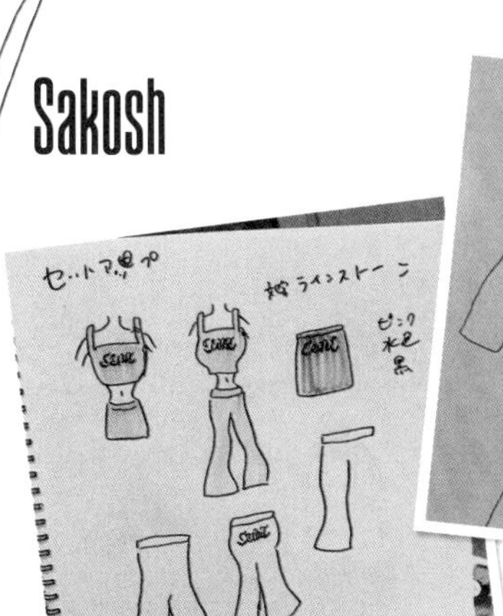

LOGO design

CULTとわたしが交差する日々

自分が欲しい服をプロデュースしてるから、普段着にも愛用中。2021年の夏に出たカルトと私服でコーデしたから、参考にして。

日焼けしたくないけど 暑い日にこそ一枚で

Details

後ろのリボンで長さ調節ができるよ。わたしは一枚で着たりピチTを中に着て印象を変えたりしてる。最近の中でいちばんお気に入り。

ワンピース¥7,590、帽子¥4,400／ともにカルトトーキョー　ネックレス（クレージュ）／モデル私物

Tシャツ¥6,050、パンツ¥4,730、帽子¥4,400／すべてカルトトーキョー　シューズ（エイティーズ）／モデル私服

Photo print

ボーイズもおいでよ　カルトの世界へ

Details

お花が好きで作ったグラフィックTは、ラフに着てもおしゃれ。もっとメンズ感強めとかにして、男の子にも着てほしい。

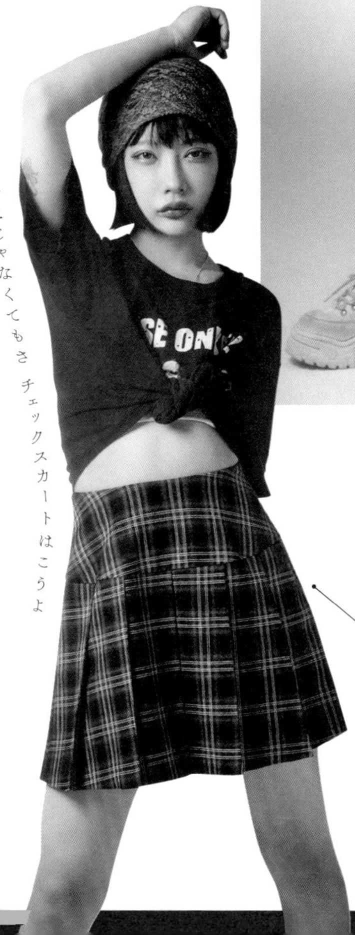

学生じゃなくてもさ　チェックスカートはこうよ

Details

昔流行ったチェックスカートがまた到来するのを狙って作ったら使いやすかった。ピチTだけじゃなく、ブラウスで合わせてもいいよ。

Pleats

スカート¥6,050／カルトトーキョー　トップス（ウィゴー）、インナー（カルバンクライン）、帽子（カルトトーキョー参考商品）／すべてモデル私物

THE DAYS WHEN I AND

FUSHION CULT

CULT

暗髪のときはカルトの色みアイテムで勝負する!

CULT

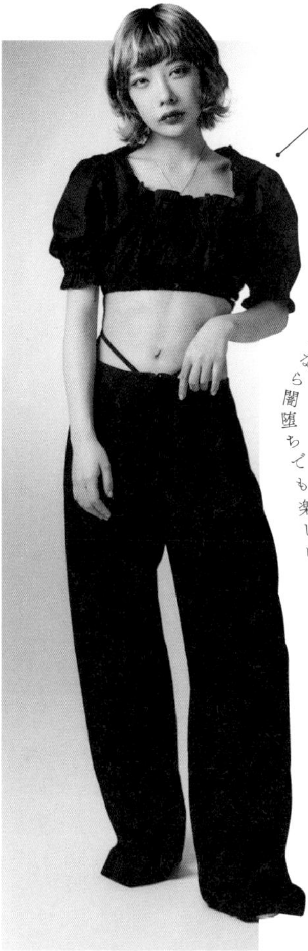

カルトブラックなら闇堕ちでも楽しげ

Details

赤とデニムの合わせ方が好きで、カジュアルなコーデにした。アクセントカラーになる赤は、元気っぽく着こなせる健康アイテム。

ブラウス¥6,490／カルトトーキョー　パンツ、シューズ（ともにドールズキル）、ネックレス（クレージュ）、シューズ（高円寺おじいちゃん系古着屋）／すべてモデル私物

Details

丈にこだわって作ったブラウスは1枚でも中にインナー着てもいい。赤と色違いで、こっちはパンツと合わせてカッコよくした。

ブラウス¥6,490／カルトトーキョー　パンツ（韓国で購入）、ネックレス（クレージュ）／ともにモデル私物

THE CULT INTERSECT

IN TOKYO

ギンギンにさりげなくパーティの主役になるぞ

Details

キャミソールは、ファーを取り外してブレスレットやチョーカーにもできるのが自慢。ビーズのバッグと一緒にファンシーなコーデに。

キャミソール¥5,500、バッグ¥2,200、／ともにカルトトーキョー　スカート（バーバリー）、ネックレス（クレージュ）、ブーツ（カルトトーキョー）／すべてモデル私物

Details

コットンが好きすぎて作ったパンツ。花柄でフレアでカット入りでデザインがきいてるから、トップスはシンプルにまとめた。

パンツ¥7,590／カルトトーキョー　キャミソール（トミーヒルフィガー）、サングラス（ジェントルモンスター）、ネックレス（クレージュ）、シューズ（ドールズ キル）／すべてモデル私物

Details

Tシャツはテロテロ素材で、着心地が最高。暗い色のイメージがあるカルトだけど、いろんな着方をしてほしくてピンクと合わせた。

Tシャツ¥6,050、カチューシャ¥1,100／ともにカルトトーキョー　ワンピース、ピンクのリボン（ともにドールズ キル）、ネックレス（クレージュ）、シューズ（カルトトーキョー）／すべてモデル私物

2021AW

CU

Let's spend a warm

つもりだから、自分の私服でいい感じに抑えてほしい。ちょっと派手かなと思うアイテムも、アクセント的に取り入れれば、いつもの私服の感じのまま雰囲気変えられるからいろいろ試してみて。もちろん白黒アイテムも出すから、モノトーン派の人も楽しめるよ。新しいファンも増えたらうれしいな。完成までもう少し待っててね！

Fine attention

細かいこだわり

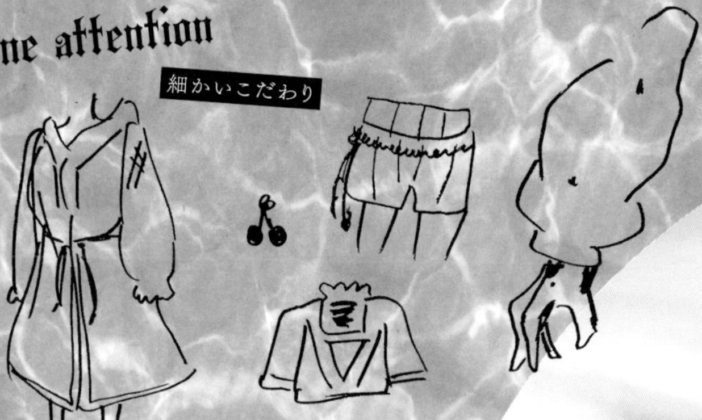

ワンピースとか、パンツとか。袖のふわっと感にこだわりたいなと思って描いた。前開きのワンピースは羽織ってもいいかも。パンツは着回しがきくミニ丈があると便利そう。

Short length LOVE

ショート丈LOVE

わたしの好きなショート丈トップスも作りたい。後ろから見たらアームスリーブっぽい形になったらおもしろいかも？こんなアイディアをいろいろとめぐらせているところ。

問 カルトトーキョー info@culttokyo.jp

テーマは…

LJ

days with the cult.

マジで超ポップなお店が欲しくてカルトを作ったのに、割といかつめなブランドという認識ができあがりつつあるから、どんどんポップも増やしていくぞ！　まだＡＷはこれから制作だし全然ラフ段階だけど、夏に引き続きかわいくて明るいのをいっぱい作りたい。ポップが苦手な人は、そこまで派手派手しくない着回ししやすいものにする

Cult jersey

カルトなジャージ

着やすいジャージのセットアップ。トップスは立体感のあるえりがポイント。パンツはトップスとデザインをリンクさせ、ゆるいシルエットにしつつ足首は締めてメリハリを入れて、と……。

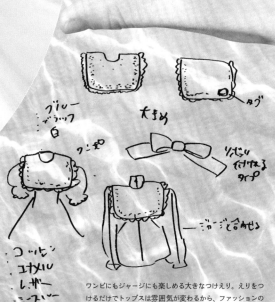

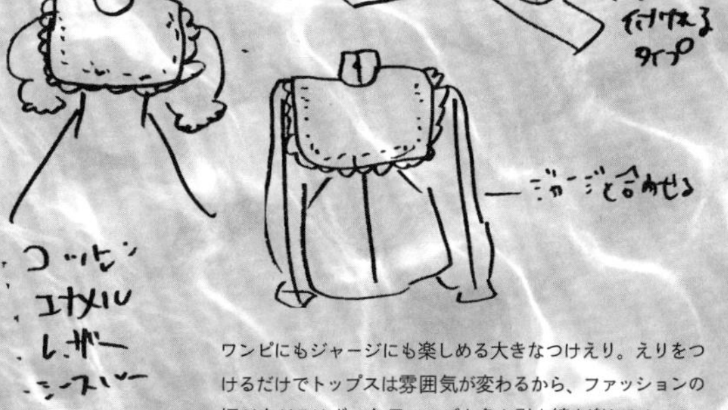

I want a big collar

でかいえりが欲しい

ワンピにもジャージにも楽しめる大きなつけえり。えりをつけるだけでトップスは雰囲気が変わるから、ファッションの幅が広がるはず。女子コーデを冬も引き続き楽しみたい。

KATY × Cotoh Tsumi

叫びは伝播する

かてい
古塔つみ

~ The voice of the heart propagates

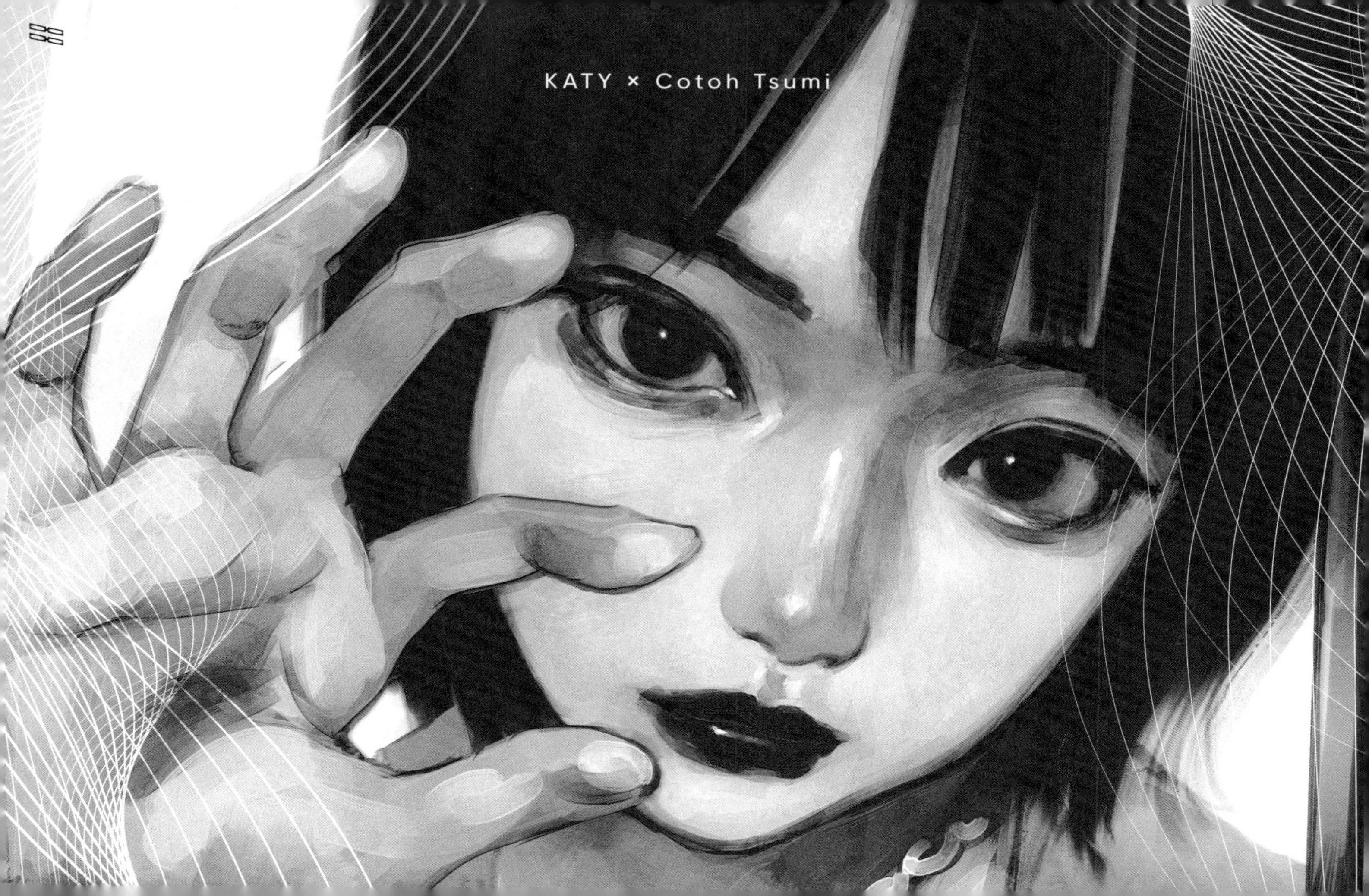
KATY × Cotoh Tsumi

ひく
PULL
CAUTION
The voice of
the heart propagates

偏愛

わたしは、

Chapter 5.

おしゃべりなクローゼット後編

〃スカーフなもんに巻かれて生きてる〃

髪が目立つから、街に出るときはスカーフで人目をごまかす。なにかの映画の影響だっけ？ とにかく気づいたらわたしの顔回りにいた。

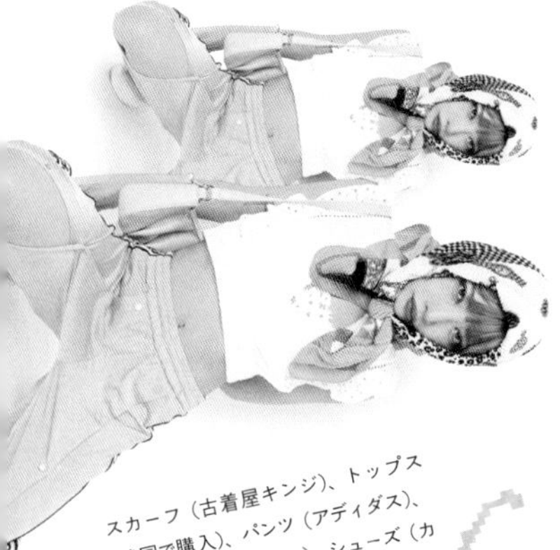

言われなくても
モテる気は
さらさらない

スカーフ（古着屋キンジ）、トップス（韓国で購入）、パンツ（アディダス）、バッグ（ドールズ キル）、シューズ（カルトトーキョー）／すべてモデル私物

Scarf

スカーフといえば
オードリー・ヘプバーンか
わたし以外か

スカーフ（古着屋キンジ）、ワンピース（リトルトリップトゥーヘブン）、サングラス（グッチ）、バッグ（セリーヌ）、シューズ（スタイルナンダ）／すべてモデル私物

スカーフ（忘れた）、ワンピース（ひみつ）、ネックレス（古着屋イチミ）／すべてモデル私物

渚のバルコニーで
待ってて
なんて言いたい

a.

b.

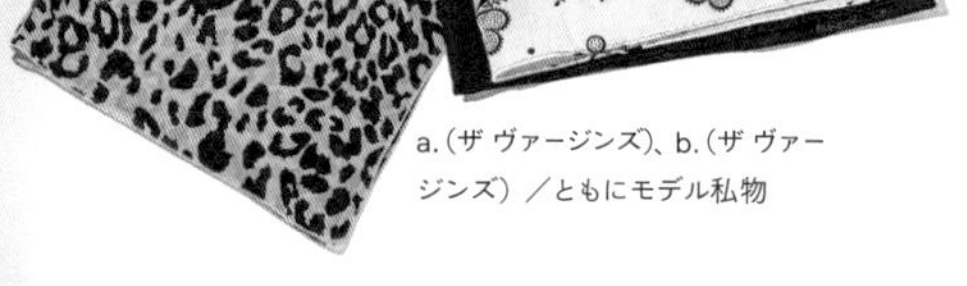

a.（ザ ヴァージンズ）、b.（ザ ヴァージンズ）／ともにモデル私物

ラヴァー ファッション

おしゃべりなクローゼットの
後半は、”わたしらしい“を作る、
ついつい集めちゃうファッションアイテム
たちにクローズアップしてく。

a.（スタイルナンダ）、b.（ナディア）、c.（カルトトーキョー）／すべてモデル私物

“顔回り盛ると余計なもん見ないですむ”

まぶしくてサングラスよくかけてるけど、瞳の色が薄茶色なのが原因って最近知った。あと、メガネも顔のポイントになるから好き。

a.（カルトトーキョー）、b.（ナディア）、c.（カルトトーキョー）、d.（もらいもの）／すべてモデル私物

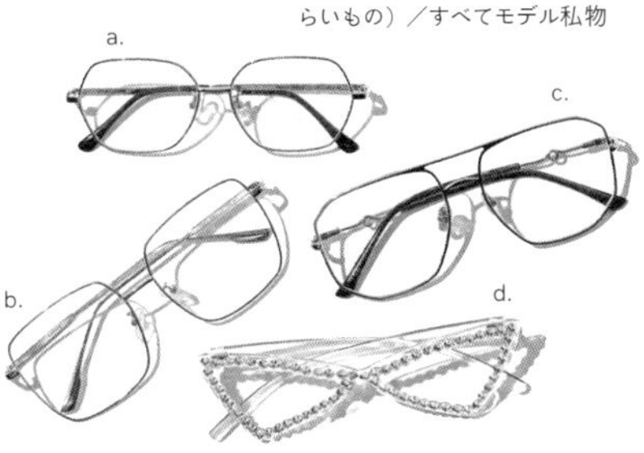

教頭先生みたいな
知的さが出るでしょ?

メガネ（ナディア）、アウター（アディダス）、中に着たトップス（リトルトリップトゥーヘブン）、リボンバレッタ（ドールズ キル）／すべてモデル私物

サングラスorダテメ

時々、チェーン盛り

マイケルと
サングラスで
ゴーイングマイウェイ

サングラス（ジェントルモンスター）、チェーン（H&M）、Tシャツ（マイケルジャクソンオフィシャルショップ）／すべてモデル私物

a.（ドールズ キル）、b.（プラダ）、c.（カルトトーキョー）、d.（もらいもの）、e.（グッチ）、f.（ボニークライド）、g.（古着屋フェイス）、h（フリーマーケット）i.（スタイルナンダ）、j.（Here's to LYFE.）／すべてモデル私物

キャミソール（もらいもの）、パンツ（ドールズキル）／ともにモデル私物

〃金持ってる風で

もうほぼライオンで王なんで怖いものがない

寒いより好きを取った結果の冬のランジェリー風ワンピ

アウター（L.H.P）、ワンピース（ユニフ）、ブーツ（カルトトーキョー）／すべてモデル私物

かわいい系のファーの下はクールっぽいとバランスいい

暑いのか寒いのかみたいなファッションと生きてる

ファー（古着屋キンジ）、トップス（フォーラブ・レモンズ）、パンツ（アトモス ピンク）、シューズ（ナイキ）／すべてモデル私物

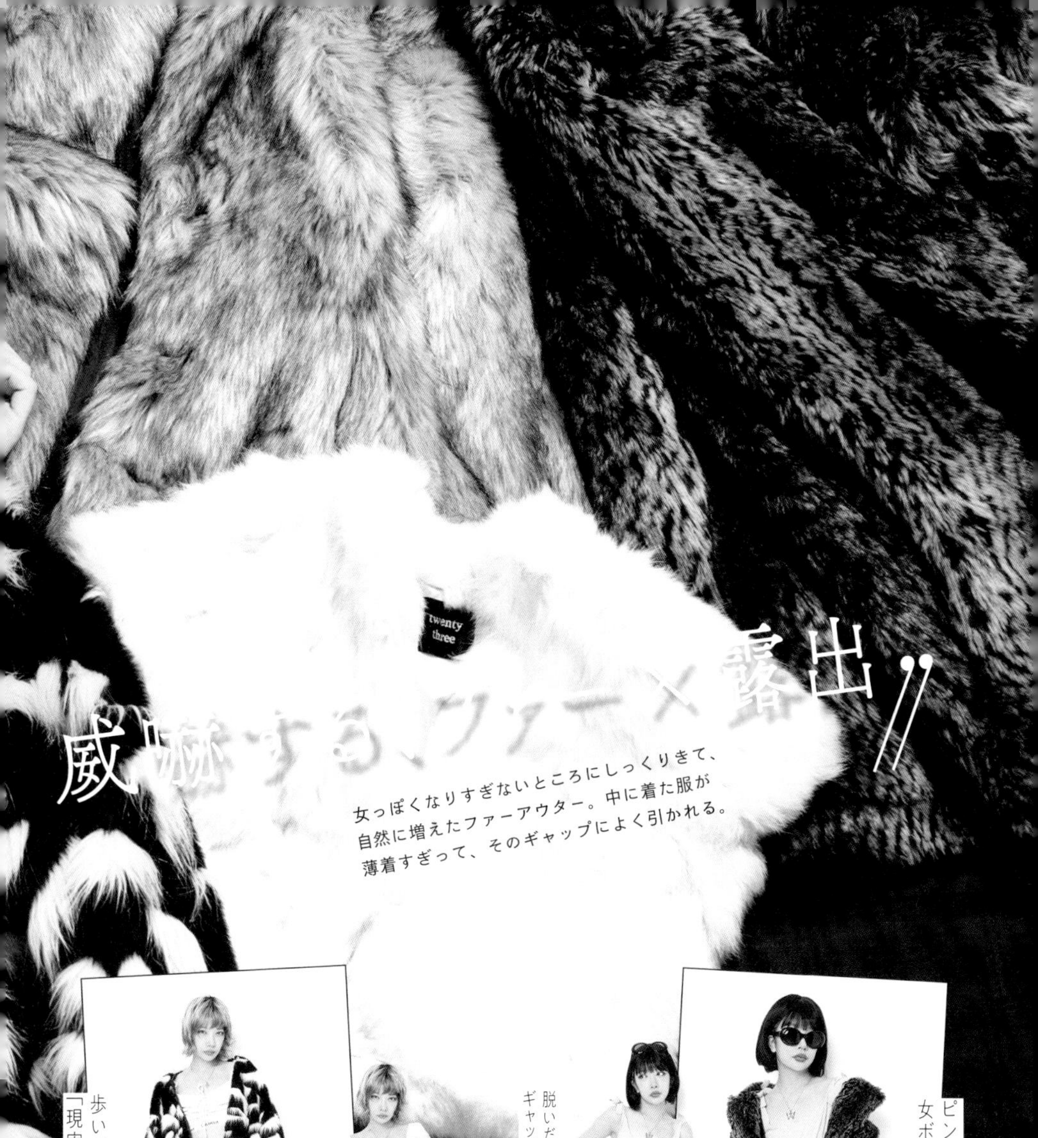

威嚇するファー×露出”

女っぽくなりすぎないところにしっくりきて、
自然に増えたファーアウター。中に着た服が
薄着すぎって、そのギャップによく引かれる。

歩いていると二度見されるが
「現実です」って言いたい

夏が忘れられなくて
冬も爽やかな服を着てる

アウター（もらいもの）、ブラウス（ドールズ キル）、スカート（カルトトーキョー）、ソックス（ナイキ）、ブーツ（プラダ）／すべてモデル私物

脱いだらかわいい系の
ギャップでモテたいのかも

ピンク×ヒョウ柄は
女ボスっぽくてイヤミでいい

アウター（シュプリーム）、ワンピース（ドールズ キル）、サングラス（もらいもの）、ネックレス（古着屋イチミ）、ブーツ（ドクターマーチン）／すべてモデル私物

ランジェリーの女。

素材が気持ちいいから着てるとハッピー!

a.（アメリカン デポ）、b.（古着屋ニューヨークジョー）、c.（ドールズ キル）、d.（メルカリ）、e.（メルカリ）、f.（古着屋フェイス）、g.（古着屋ニューヨークジョー）、h.（ドールズ キル）／すべてモデル私物

トップス（ドールズ キル）、パンツ（古着屋イチミ）／ともにモデル私物

ブラトップの女。

無人島に服ひとつしか持っていけないならこれじゃね

トップス（カルバンクライン）、パンツ（韓国で購入）、ネックレス（クレージュ）／すべてモデル私物

Lingerie

キャミソールの女。

〝変態みせる下着オンナグッズ〟

普通のブラだとサイズが合わなくて困ってたとき、スポブラとの出合いは革命だった。そこから始まった下着トップス化計画。いまだ進行中。

2000年代ギャルを超リスペクトする

トップス（メルカリ）、パンツとベルトのセット（古着屋ピンナップ）、帽子（古着屋シュリ）、ネックレス（古着屋イチミ）／すべてモデル私物

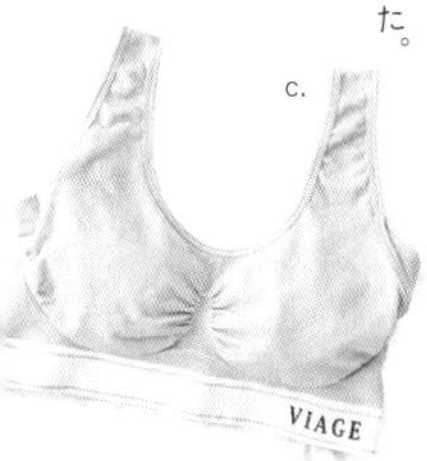

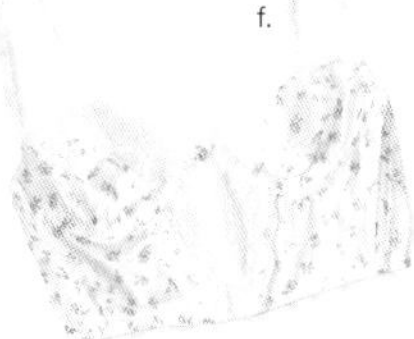

a.（ジュエティ）、b.（フィグ・ヴァイパー）、c.（H&M）、d.（ギャルのおさがり）、e.（どこかの古着屋）、f.（カルトトーキョー）、g.（メルカリ）、h.（忘れた）i.（トミーヒルフィガー）、j.（古着屋キンジ）／すべてモデル私物

a.（ドールズ キル）、b.（アレキサンダー ワン）、c.（ヴィアージュ）、d.（スタイルナンダ）、e.（カルバンクライン）、f.（古着屋フェイス）、g.（カルバンクライン）、h.（カルバンクライン）／すべてモデル私物

地元のスポーツ

Jersey

(左) トップス (H&M)、インナー (スタイルナンダ)、スカート、ネックレス (ともに古着屋フェイス)、帽子 (ウィゴー)、シューズ (プラダ) ／すべてモデル私物 (中) トップス (ブラックピンク公式グッズ)、スカート (アディダス)、帽子 (スタイルナンダ)、ネックレス (古着屋イチミ)、ソックス (横須賀のお店)、シューズ (カルトトーキョー) ／すべてモデル私物 (右) キャミ (フィグ・ヴァイパー)、パンツ、ソックス (ともにナイキ)、バッグ (サンローラン)、シューズ (カルト) ／すべてモデル私物

スポーティー・エンジョイ・エブリデイ！

BLINKとして布教する準備はできている

最近ナイキ好きかもとバスケ部みたいな格好で考えた

韓国ドラマに出てくるオフの日の主人公です

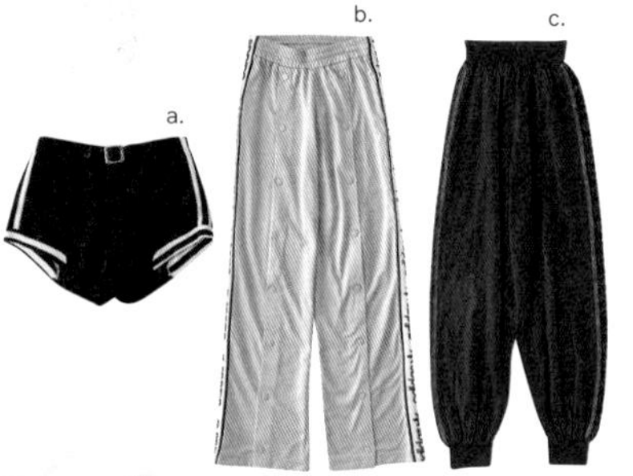

a.

b.

c.

a. (古着屋イチミ)、b. (アディダス)、c. (グッチ) ／すべてモデル私物

〝ジモ着で治安悪さ

地元でおしゃれしてると「なにその服？」って思われるけど、ジャージはどれだけい

カーディガン (ドールズ キル)、パンツ (ニードルズ)、ネックレス (クレージュ)、シューズ (エイティーズ) ／すべてモデル私物

バカやろう。

（左）トップス（もらいもの）、ワンピース（ドールズ キル）、ヘアピン（アメリカン デポ）、ネックレス（クレージュ）、シューズ（カルトトーキョー）／すべてモデル私物　（中）トップス（アディダス）、ワンピース（ドールズ キル）、ヘッドドレス（ベイビー ザ スターズシャイン ブライト）、シューズ（カルトトーキョー）／すべてモデル私物　（右）トップス（アディダス）、ベルト（おじいちゃんの古着屋）、メガネ（ナディア）、シューズ（ナイキ）／すべてモデル私物

知らない学校のジャージをワンピと合わせちゃったり

すみませんが、指差して笑わないでくださる？

「ジャージのひねった着方」で検索したらこうなる

d.

e.

d.（アディダス）、e.（もらいもの）／ともにモデル私物

こたつでみかん食べたい
ぬくぬくジャージスタイル

積極的に上げてく"

いジャージを着るかで尊敬度が変わるのが好き。

トップス（アディダス）、スカート（メルカリ）、ソックス（横須賀で購入）、シューズ（古着屋フェイス）／すべてモデル私物

Head

アタマ

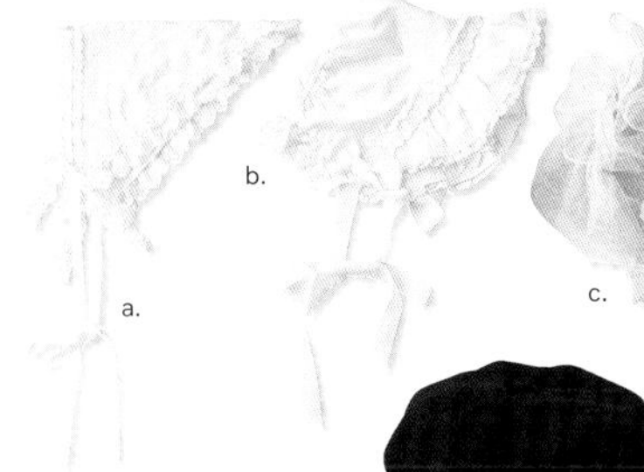

a.（もらいもの）、b.（ベイビー ザ スターズ シャインブライト）、c.（リトルトリップトゥーヘヴン）／すべてモデル私物

a.（ヨウジヤマモト）、b.（カルバンクライン）／ともにモデル私物

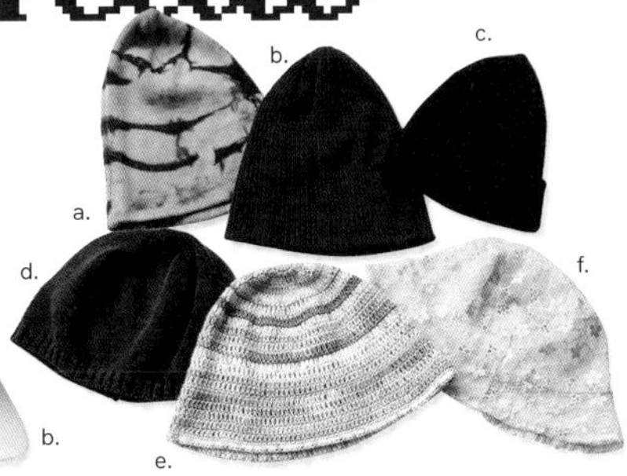

a.d.（ともに古着屋フラミンゴ下北沢店）、b.c.（ともにウィゴー）、e.（古着屋シュリ）、f.（スタイルナンダ）／すべてモデル私物

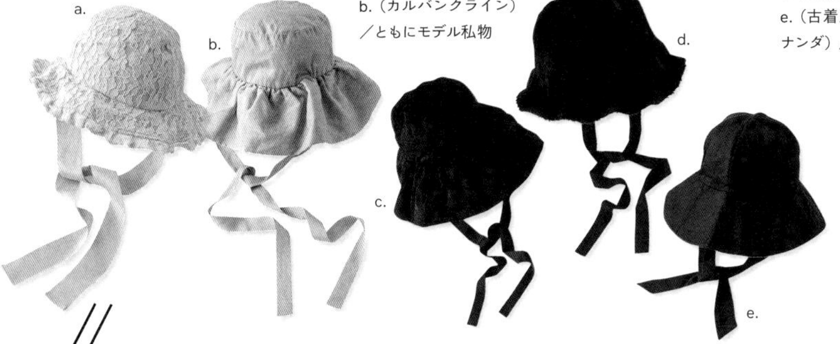

a.（ミリテージ）、b.（横須賀のモードオフ）、c.d.（ともにカルトトーキョー）、e.（忘れた）／すべてモデル私物

"アタマからツマサキまで。わた

ファンの子からいただくことが多いアクセサリーや小物たち。自分の買ったものも合わせてここまで集まっ

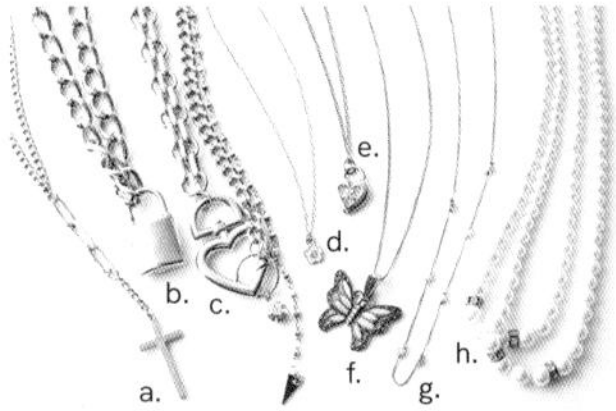

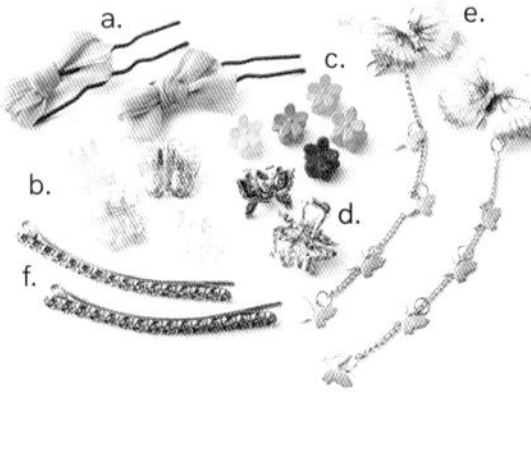

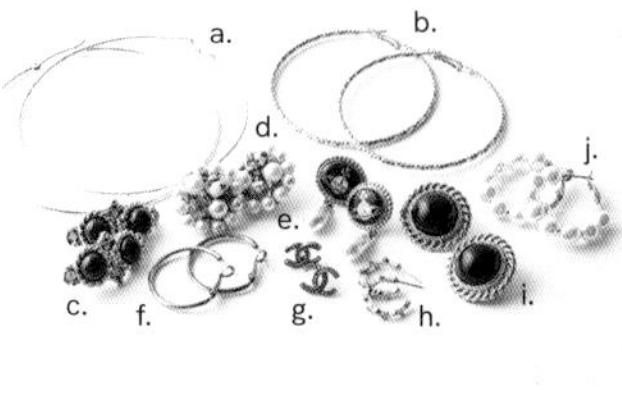

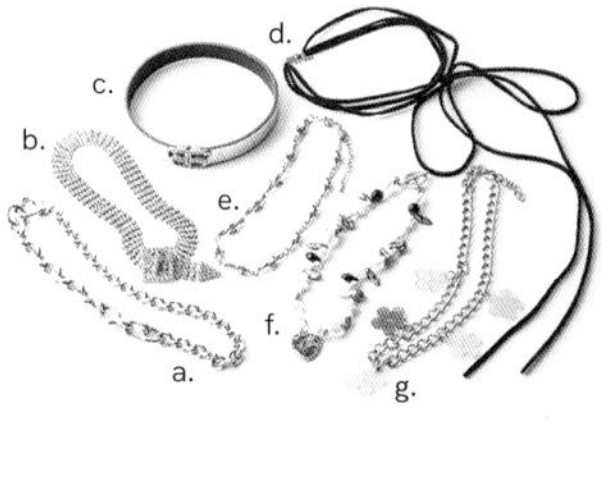

カチューシャ:a.（リトルトリップトゥーヘブン）、b.（ドールズ キル）、c.（マリークワント）、d.e.h.i.（すべてH&M）、f.（スタイルナンダ）、g.（韓国で購入）、j.（ナディア）　バレッタ:a.（H&M）、b.c.（ともにドールズ キル）　ネックレス:a.b.c.（すべてカルトトーキョー）、d.（マリークワント）、e.（クレージュ）、f.（古着屋イチミ）、g.（H&M）、h.（コト）　ヘアピン:a.b.（ともにドールズ キル）、c.（キャン★ドゥ）、d.（ディオール）、e.（もらいもの）、f.（カルトトーキョー）　ピアス:a.b.h.j.（すべてH&M）、c.（コト）、d.i.（ともにリトルトリップトゥーヘブン）、e.（ヴィヴィアン ウエストウッド）、f.（韓国で購入）、g.（シャネル）　チョーカー:a.（古着屋ベッド）、b.d.e.（すべてカルトトーキョー）、c.（バレンシアガ）、f.（メルカリ）、g.（ドールズ キル）／すべてモデル私物

ビーズブレス:a.（ルイヴィトン）、b.（カルトトーキョー）、c.（アナスイ）、d.e.f.（すべてもらいもの） シルバーブレス:a.（人のを借りパク）、b.（カルトトーキョー）、c.（ジャスティンデイビス）、d.（古着屋イチミ）、e.（もらいもの）、f.（マリークワント） リング:a.（ヴィヴィアン ウエストウッド）、b.c.d.e.g.i.j.（もらいもの）、f.（お母さんからの誕プレ）、h.（古着屋イチミ） ベルト:a.（ZOC衣装）、b.e.（もらいもの）、c.（古着屋フェイス）、d.（ジュエティ）、f.（忘れた） ソックス:a.f.i.（ぽこ・あ・ぽこ）、b.（バブルス）、c.（ドールズ キル）、d.e.（ともにグッチ）、g.（しまむら）、h.（キャン★ドゥ）、j.（ナイキ）、k.l.（ともにバレンシアガ）／すべてモデル私物

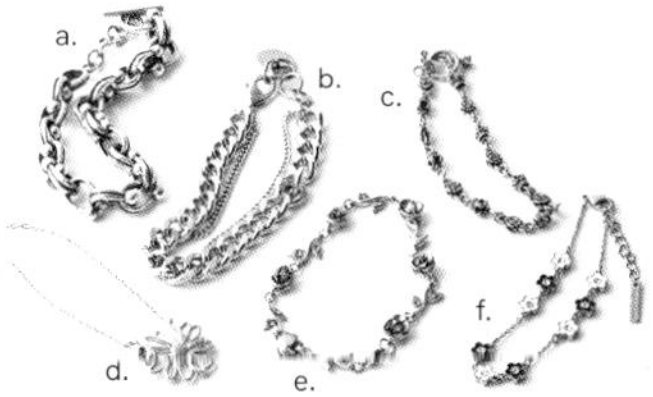

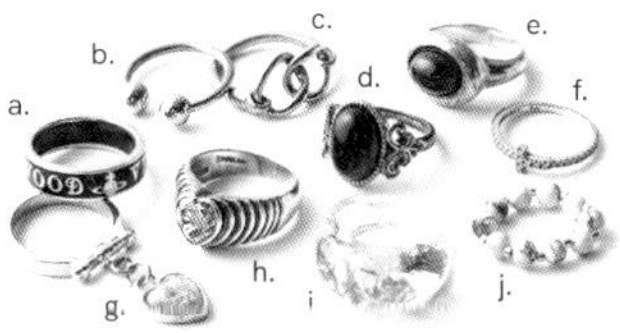

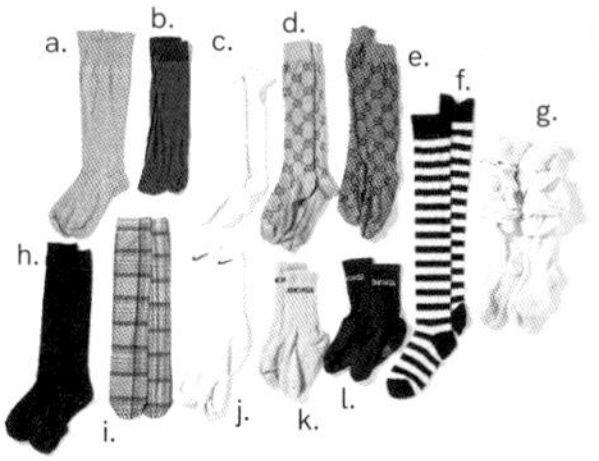

しの細胞になるパーツたち

て、コーデの幅も広がった。

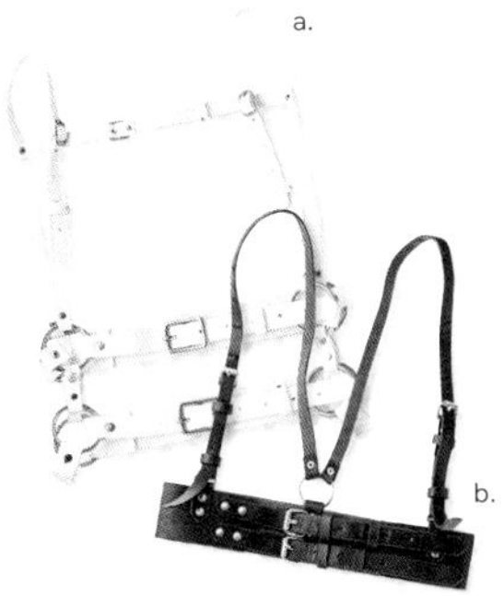

a.（ドールズ キル）、b.（スピンズ）／ともにモデル私物

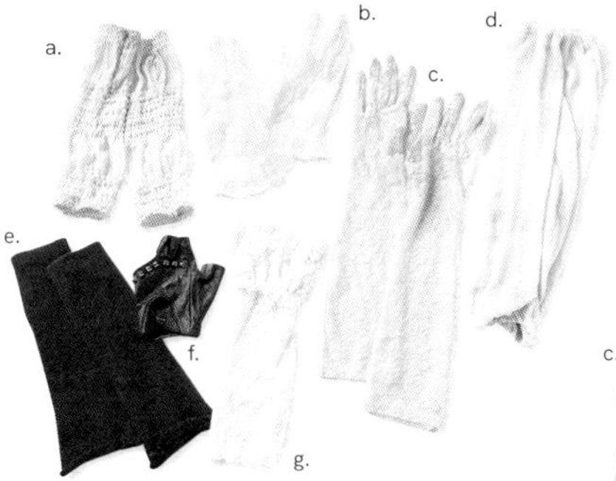

a.（スタイルナンダ）、b.（amazon）、c.（楽天）、d.（100円ショップ）、e.（韓国で購入）、f.（ZOC衣装）、g.（忘れた）／すべてモデル私物

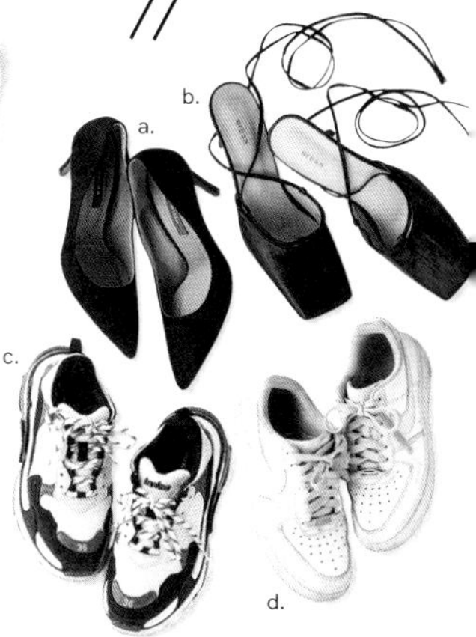

a.（韓国で購入）、b.（スタイルナンダ）、c.（バレンシアガ）、d.（ナイキ）／すべてモデル私物

a.（韓国で購入）、b.（ティンバーランド）、c.（コンバース）、d.（ドクターマーチン）／すべてモデル私物

ツマサキ

Toes

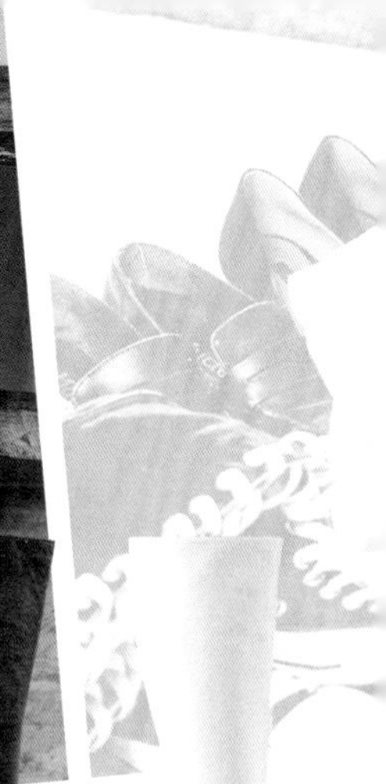

“玄関再現”

わたしの家の玄関には
ヒールや厚底のブーツや
シューズがずらり。
大きな鏡を置いていて、
出かける前の最後の
仕上げに靴を選ぶ。

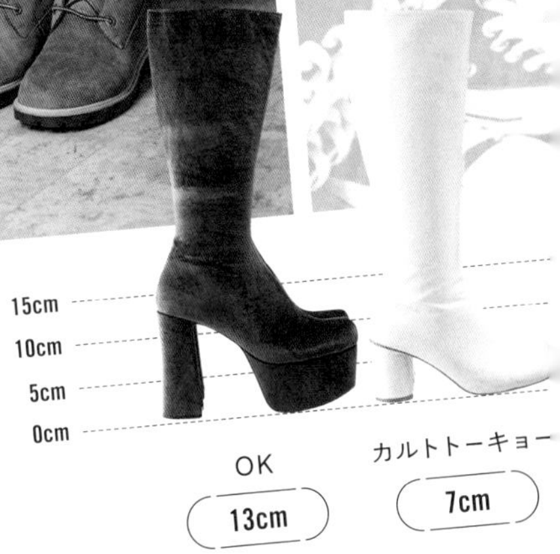

Black

ハードめな小物を使って地雷系になりません宣言

Black 100%

コンクリートジャングルで生きるシマウマオンナ

Black 60%

(左100%) ワンピース(リルリリー)、ネックレス上(古着屋フェイス)、ネックレス中、ネックレス下(ともにカルトトーキョー)、ブレスレット(もらいもの)、バッグ(ルイ ヴィトン)、ソックス(バレンシアガ)、ブーツ (ドクターマーチン) ／すべてモデル私物

(右60%) ワンピース(古着屋イチミ)、中に着たロンT(カルトトーキョー)、カチューシャ(韓国で購入)、ネックレス(スタイルナンダ)、ソックス (バレンシアガ)、シューズ (ドールズキル) ／すべてモデル私物

Shoes

「視界良好的厚底達」

初めて会う人には「もっと背が高いと思ってた!」ってよく言われるほど、身長は低め。ちんちくりんだと格好がつかない服もあるから、背を盛りたい日もある。そんなとき、厚底やヒールがわたしに自信を与えてくれる!

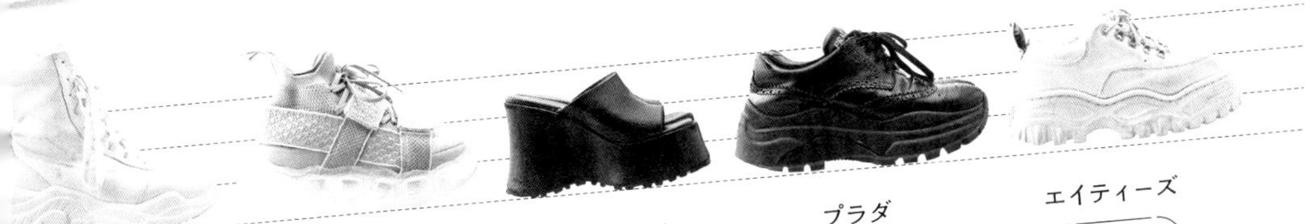

カルトトーキョー 5.5cm

ミキオサカベ 7.5cm

ドールズ キル 11cm

プラダ 6cm

エイティーズ 5cm

“黒と白の侵略領域”

モノトーンは合わせやすいし着やすいけど、地味にならないようどこかひねりを意識。いつも、普通にならないコーデを探してる。

White 50%

いつかのデート用に買った服
一回も使ったことないよ

White 100%

わたしが白を着てると友だちが心配してくる

(左50%) トップス (もうないブランド)、パンツ、ブーツ (ともに韓国で購入)、バッグ (スタイルナンダ) /すべてモデル私物

(右100%) アームカバー (リョウカワチ)、ワンピース (ドールズ キル)、ヘッドドレス (ファンの子の手作り)、シューズ (カルトトーキョー) /すべてモデル私物

White

コスメリボン

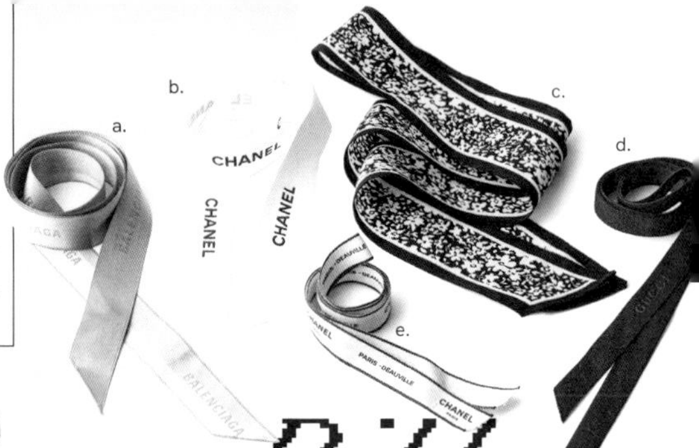

Ribbon

a.（バレンシアガ）、b.c.（ともにシャネル）、d.（グッチ）／すべてモデル私物

リボン（シャネル）、トップス（H&M）、ネックレス（プレイボーイ）／すべてモデル私物

〃値段よりセンスを爆発させたい。〃

コスメを買ったときの箱のリボンはライブ衣装でアクセとかにしてる。バッグはブランドとか気にしないし見ないで”かわいい“最優先！

プチプラバッグ

a.（スラッシャー）、b.（スタイルナンダ）、c.（アディダス）、d.（古着屋ガレージ）、e.f.（ともにドールズ キル）g.（カルトトーキョー）h.（おじいちゃんの古着の店）i.（韓国で購入）／すべてモデル私物

バッグ（カルトトーキョー）、トップス（忘れた）、インナー（スタイルナンダ）／すべてモデル私物

ハイブラバッグ

Bagで、ハイブラ従えてる日は“最強です。”

ぶっちゃけ物入ればなんでもいいけど、真剣な打ち合わせのときはきちんとしたバッグで行く。使いやすいのはヴィンテージ。

バッグ（マークジェイコブス）、ワンピース（スタイルナンダ）、キャップ（カルバンクライン）、ソックス（バレンシアガ）、シューズ（エイティーズ）／すべてモデル私物

みんなの質問に答える

質問に答える

会社員なら
どんな服??

ブラウスがポイント！
会社はアパレル系かな

ベスト（古着屋キンジ）、ブラウス（リトルトリップトゥーヘブン）、スカート（シュシュトング）、カチューシャ（スタイルナンダ）、ソックス（ドールズ キル）、シューズ（プラダ）／すべてモデル私物

BTSのパーカ着て
嫉妬させとく作戦

FRONT STYLE

ワンピと白ソックスが
デートによくない？

質問に答える

もしかてぃがかてぃの
彼女だったら？

ワンピース（ザラ）、帽子（カルトトーキョー）、バッグ（ルイ ヴィトン）、ソックス（ドールズ キル）、シューズ（プラダ）／すべてモデル私物

質問に答える

アメリカに行こうと
したけどやっぱ
インドだったコーデ

気温がわからないから
暑さも寒さもいける服にした

トップス（ひみつ）、インナー（ウィゴー）、パンツ（カルトトーキョー）、ネックレス（クレージュ）、ブーツ（ティンバーランド）／すべてモデル私物

“#コーデクソリプ”

インスタのストーリーで募集した「わたしにして欲しいコーデ」のお題。
みんなから来たたくさんのテーマの中から、6つ選んでコーデでクソリプつけたのを発表！

質問に答える

川崎のヤンキーに殴り込むときの格好

オールバックにメガネ、あと決死の赤だよ

トップス（下着屋で購入）、パンツ（古着屋ニューヨークジョー下北沢店）、サングラス（フリーマーケット）、ネックレス（クレージュ）、シューズ（ナイキ）／すべてモデル私物

質問に答える

彼氏んちに忘れたピアス取りに行くとき

BACK STYLE

トップス（BTS公式グッズ）、ネックレス（古着屋イチミ）、バッグ（アレキサンダー ワン）、ブーツ（韓国で購入）／すべてモデル私物

質問に答える

友だちとディズニー行くなら？

ディズニー行くときはバンT着るし重い靴履く

トップス（ひみつ）、スパッツ（フィグ・ヴァイパー）、リュック（スラッシャー）、ブレスレット（もらいもの）、ブーツ（ドクターマーチン）／すべてモデル私物

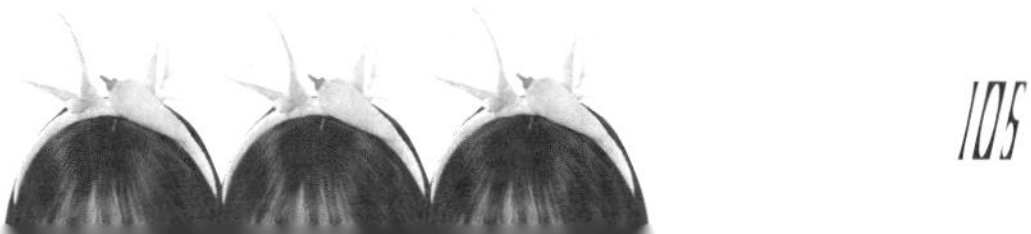

アナリティクス おしゃべりなクローゼット

家から服を全部引っ張ってきて、ズラリと並べてコーデして。新たに見えてきたわたしの手持ち服のクセについて、分析してみた。

comment

すぐに着ないものはクローゼットの奥にしまってるから、一気に出してみて「こんなに持ってたかー」って感動したし、「これ探してた」「これ持ってたな」って服も見つかって、棚卸しになったのもよかった。「古着屋一軒開けるね」と言われるほど服があったけど、意外とアイテムに偏りがあったのが自分ではプチ衝撃。いろいろバラけて買ってたはずなんだけどな! 自分の好きな服装は、時とともに少しずつ変わってる自覚はあって、以前は白黒が多かったけど、最近では花柄やブラウン、ピンクも増えた。そういうのも、コーデに表れたかなと思う。自分の服を一気に見てみて足りないものもわかったから、次のお買い物にも生かしたい。

分析1. ボトムスの中でなんと スカートは9着のみ!

ガラガラのラックを見ると、スカート類だった。パンツが多いと思ってたけど、スカートが9着だったのは意外。露出好きだからほぼミニで、ミディ丈以上は2着のみ。スカートよりワンピ着ることが多いからかな。

分析2.

トップス類はTシャツ、パーカー、ブラウスなどいろいろある中で**5割がインナー**でした

トップスのほぼ半分がインナーって多いよね（笑）。体温高いのもあるし、キャミはかわいくて着やすいから、いつの間にか増えてた。下着系も着心地がいいのは一枚で着て外に出るし。このブームはまだ続きそう。

分析3.

丈の短いブラウスがたくさん発見されました

丈の短い系ブラウスはわたしの大好きな正装アイテム。似てるように見えても胸の開き方などが違い、着たときの雰囲気も変わるから、それぞれに着るシチュエーションあり。カルトでも夏にブラウス出したよ。

分析4.

グリーンがほとんどなくてビックリした！

好きなのに意外とないじゃんって思ったのが緑系アイテム。特に色の濃い緑をあまり持ってなかった。いろんな色を着てみたくて去年は原色の黄色を買ってチャレンジしたけど、今年は意識的に緑を集めようと思う。

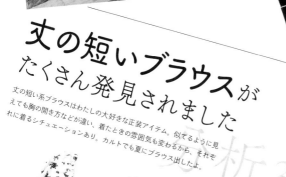

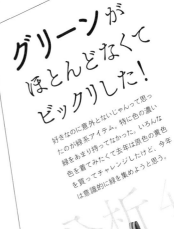

Chapter 6.

パンチラインはいつだって古着で

人とかぶらないし、変わったイケてるデザインが見つかる古着は、
自分のファッションに特別感を与えてくれる。
中学から今までに集めた古着で、クローゼットは8割を占めてる。
それほどわたしは、古着とともに生きている。

かてぃが3万円持って
古着屋に行き、
買い物をするところを密着!!

“VINTAGE GIRL”

古着との出会いは中2のとき。初めて行ったた原宿のキンジがワンダーランドで衝撃的だった。派手でかわいい服が広いフロアにぎゅうぎゅうに詰まっていて、夢中になって好みの服を探した。なんでもすぐ汚してしまうから、汚れても気にならない古着はわたしに合うじゃんって思った。それからは、よりいっそうきれいな服を着ると落ち着かない体になっていったかもしれない。シミがついてる服こそすごく好き。誰かが使っていた痕跡を見つけると安心するんだ。

会いたくて ヴィンテージ

渋原古着屋クルーズ

行きつけの渋谷と原宿の古着屋4軒に行って買い物をしてきた。
ショップで即興で組んだコーデやガチ買いアイテムにも刮目せよ。

SHOP:1

イチミ

ITIMI

美しきカラフルヴィンテージの名品

明るく広々とした内観。フロアは3つにわかれている。

大阪にあったヴィンテージショップが東京に移転したと聞いて。最初はインスタで見て、かわいいなって思って、行ってみたらアイテムも店の見せ方も全部雰囲気あって衝撃だった。花瓶もすごく好みで、集めるのにハマってる。渋谷駅から少し遠いけど、行く価値あり！

DATA
東京都渋谷区渋谷4-5-6 トキワビル2F
営 13:00〜19:00
休 無休
@itimiosaca

クラシカルなシューズもかわいい

ケーキ屋みたいなショーケースに並んだアクセを物色。

キラキララメのポップなカチューシャ♡

訪問当時、インスタにアップされていた新作カチューシャ発見！

アイテムも価格帯もさまざまだから、逆にお買い物に悩む……！

お買い上げ

¥12,100

ブラトップ
¥8,800

わたしが持ってるブラはシンプルなものばかりだから、おしゃれブラも持っておきたくて。試着してみて一瞬で惚れた。

アダムスファミリーならマダムのポジション

サングラス
¥3,300

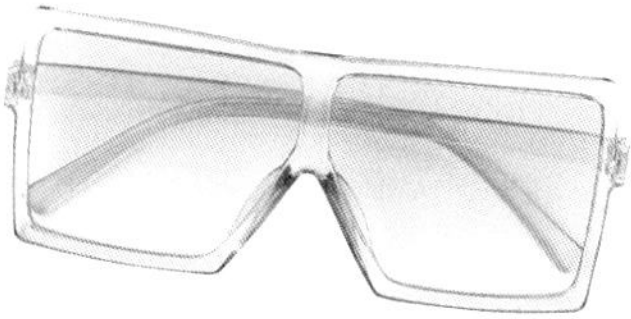

サングラスがあったらいいなーと思って見ていたら、ちょうど手頃なアイテムが。ピンクのサングラスは好きだし即決！

ワンピース ¥16,500、中に着たブラウス ¥13,200、サンダル ¥16,500／すべてイチミ
ネックレス／モデル私物

東京に出て来てから知った服たち

Tシャツ ¥8,800、つけ襟 ¥3,850、ブラトップ ¥8,800、パンツ ¥9,900、スカーフ ¥3,850、サングラス ¥5,500、ベルト ¥9,900、バッグ ¥16,500、パンプス ¥16,500／すべてイチミ

フラワーベース

まさかの自腹買いまで……！

SHOP:2

ベッド ハラジュク

bed Harajuku

原色がまぶしい店内。販売している服もアクセもアートのよう！

とある撮影のロケで使わせてもらって知った。最初はロケ場所だった下北沢店から行くようになって、それから原宿店ものぞくように。下北沢店のほうが派手派手しい内装だけど、それでも原宿店もかなりゴージャス。小物も味がありかわいくて最高です。

DATA

東京都渋谷区神宮前3-21-12 2F

☎ 03-6434-9556

営 12:00〜20:00

休 無休

@bed_harajuku

アーバン ヴィンテージがテーマ

試着アイテムを早々と決めたかてぃは、ヘアアクセを吟味。

ギラギラの壁にフィーバーしてみる

手のフックに、バッグや帽子をかけた店奥のスペース。

お買い上げ

¥4,400

ピンク系の派手なギャルキャミって意外と持ってなかったから、今年は挑戦してみようかなという気持ちで選んでみた。

キャミソール

柄ブチ込んでbedギャルアゲてきた

『ハンナモンタナシーズン2』を意識しました

トップス ¥7,700、ワンピース ¥13,200、ヘアピン ¥1,320、イヤリング ¥3,850、ベルト ¥3,300、バッグ ¥14,300、ソックス ¥880、シューズ ¥15,400／すべてベッド ハラジュク

トップス ¥7,150、中に着たシャツ ¥7,150、パンツ ¥5,500、スカーフ ¥4,950、ピアス ¥4,400、バングル ¥6,600、ベルト ¥4,400、バッグ ¥13,200、ブーツ ¥38,500／すべてベッド ハラジュク

SHOP:3

バラックルーム

BRRACK ROOM

夜、ガーリーのもとを捕まえに

「渋谷にこんな夜中までやってるかわいい店があるなんて！」というのが最初の印象。撮影の衣装でもここの服が借りられてるのを見て、それもきっかけでよく行くようになった。わたし的にはキャミとチュールがアツい。週4日だけ開いてる、レアな古着屋です。

DATA

東京都渋谷区道玄坂2-18-4 1F
☎ 03-6416-9129
営 17:00〜24:00
休 水木金
@barrackroom

大量のガーリー服に囲まれた、特別な時間を過ごせる。

大好きなレースのリボンつき帽子を見つけ、真っ先に試着。

これを着ていると
渋谷のピンク番長名乗れそう

ワンピース¥25,000、トップス¥6,000、パンツ¥28,000、ネックレス¥12,000、ベルト¥10,000、サンダル¥8,000／すべてバラックルーム

お買い上げ

¥6,000

バッグ

キラキラのおしゃれバッグをひとつも持ってなかったからGET。遊びに行くときとかに持ってると、おしゃれしてる感が出そう。

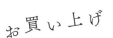

エッジのきいた ジェンダーレス服

SHOP:4

厳選されたアイテムが揃う、シンプルでスタイリッシュなフロア。

SHURY《シュリ》

カッコいい服が欲しいときはシュリに行く。わたしはまずセットアップから見るんだけど、色とか形が独特だからすごく好み。前に購入したベージュのセットアップも、ずっと愛用してる。意外にヒッピー系のアイテムも多いから、自分的にアツめ。

DATA
東京都渋谷区神宮前6-8-6 2F
☎ 03-6427-9144
営 12:00〜20:00
休 無休
@shury_tokyo

キャットストリートを1本裏に入った場所。看板が目標になるよ。

すでに持っている帽子だけど、カラバリを買うかガチで悩んでた。

バイクが似合いそうな男気セットアップ

セットアップ¥16,500、中に着たトップス¥8,250、ブーツ¥13,200／すべてシュリ

お買い上げ

¥7,150

タンクトップ

前から気になってたんだけど、再会してやっぱいいなと思ったのと、ポップコーン素材は持ってなかったらレッツトライ。

古着屋さんたちへのラブコール

まだまだ大好きな、本当は秘密にしておきたい古着屋はたくさん。
大好きすぎて、もう行きたい。それぞれの古着屋愛を語ります。

アメリカのギャルになれる

PIN NAP《ピンナップ》

アメリカ買いつけで、2000年代のビヨンセやパリス・ヒルトンみたいな雰囲気の海外ギャルになれるアイテムがたくさん。わたしは普段の服だけじゃなく、撮影用の衣装を全身コーデで選ぶことも。

DATA
東京都渋谷区神宮前3-26-10
☎ 03-3470-2567
営 12:00〜20:00
休 元旦
@pinnap_tokyo_1

インパクト十分なレザーパンツを買った。
ピンクのラインがギャルいポイントに。

ミントカラーのパンツは、コーデの印象を明るくしてくれるから1枚あればめちゃ使える。

FUNKTIQUE《ファンティーク》

アパレルをやっていたときに先輩が連れて行ってくれて、以来ずっと通っているファンティーク。きれいめな古着が多くて、ベロアアイテムをよく見に行く。大人っぽい服もあって、黒髪のときは行く頻度が高くなりがち。

DATA
東京都渋谷区
神宮前3-21-22 3F
☎ 03-6434-0987
営 12:00〜20:00
休 無休
@funktiquetokyo

黒髪に合う
きれいめな古着がある

ウルフなわたしが
男になりに行く

FOCUS《フォーカス》

下北沢といったらフォーカスがすぐ思い浮かぶほど好き。メンズライクでさらにクセのあるヴィンテージアイテムが多くて、古着のよさを感じるよね。それから価格もお手頃。スポーティー系や柄シャツを買うことが多いかな。

DATA
東京都世田谷区
北沢2-37-18 2F
☎ 03-6407-9088
営 12:00〜20:00
休 無休
@used_focus

UTA《ウタ》

アクセサリーに
絶大な信頼感

おばあちゃんちに置いてあるようなレトロなデザインのアクセが多くて、アクセサリー目的でよく通っちゃう。今までにパール系アクセやピアスを買った。ハイブランドのヴィンテージアイテムもあり、くたっと感がツボ。

DATA
東京都世田谷区
下北沢2-9-25 2F
☎ 03-3467-6626
営 13:00〜21:30
休 無休
@utashimokitazawa

女の子の
“かわいい”天国

CURIOS《キュリオス》

ヨーロピアンで女の子っぽいレトロアイテムがたくさん。「超女の子になりたい」と思ったとき、とりあえずワンピース見に行ってる。おすすめは花柄やランジェリー系。かわいすぎて部屋に飾るとかも余裕であります。

DATA
東京都渋谷区神宮前
6-8-6 國枝ビル2F
☎ 050-1017-4711
営 13:00〜20:00
休 無休
@curios_tokyo

NEW YORK JOE 下北沢店《ニューヨークジョーシモキタザワテン》

わたしの
第二のクローゼット

ジャンルが幅広くてだいたいなんでもあって、しかも安い！ 買い取り系の古着屋。「なんか今日の服失敗したな」と思ったらここに駆け込んで着替えちゃう。特に小物をよく見るんだけど、冬はマフラーがよかった。

DATA
東京都世田谷区
北沢3-26-4
☎ 03-5738-2077
営 12:00〜20:00
休 無休
@newyorkjoeexchange

昔も今もこれからも 古着と歩いてく

古着にハマった初期は、キンジで買ったおばあちゃんっぽいネグリジェにうさぎのスリッパ、エアガンを担いで原宿を歩いてた。好きな服装が毎日違って、古着屋に行くときの気分も毎回変わるから、いろんな服が手に入るキンジがすごく自分に合ってたんだ。

今も古着は「レアだから買おう」とか「ハイブランドだから欲しい」みたいな買い方はしなくて、かわいいと思ったものだけを買ってる。それって、古着に詳しい人の前だと、軽い気持ちで手を出してゴメンって気持ちも少しはあるけど、自分はラフに服を楽しみたいなぁ。でもね、最近だと昔のリズリサにハマってるし、クレージュの熱も来てるんだよね。昔は似合わなかったり買えなかったりしたものを今、手に入れているのがなんだかおもしろくて、自分の中でプチ革命が起きてんなって感じがある。

もっと大人になったら、ヒッピー系の服を着たい。パーマにして、アジア服飾雑貨の「むげん堂」にいる人みたいな雰囲気を目指してそう。そうなったら肌も黒くしちゃってさ、健康的な自分にも出会ってみたいかもね。

あとはいつか叶うといいなってテンションで、古着屋オーナーにも興味があるんだ。自分で買いつけした古着を売って、みんなが集まれるゆるーい飲み屋を一緒にやりたい。いつかは自由な人間になっていたいなあという願望を画にしたら自然とそうなってた（笑）。とにかく縛られることなくラフに服を楽しみ、ラフに生きる。古着とわたしはノリが合ってた。それにつきるでしょ。

DEAN &

叫びは伝播する

東佳苗（rurumu:/縷縷夢兎デザイナー）

言葉を使わない叫びがある。
その叫びの中にある圧倒的な根拠は、人々の羨望を集める。
かてぃを見ていると、ファッションを楽しむということのマグマみたいな熱や欲を感じる。

どんな経験からでもインプット、自分流に落とし込んでいける、
野生の嗅覚のような。
この、〃野良ファッショニスタ〃で自分流を貫ける人は最近なかなか見ない。

誰かの叫びを借りてリツイートする自我の転用、成功法則のコピーアンドペーストで
誰かになりたがっている、失敗したくない人たちをよく見るようになった。

私が学生の頃よりは、あまりにもダサい、という人は減ったけれど、
右倣えの流行で街やＳＮＳは溢れかえっていて、虚しくなることがある。

「本当にしたい格好はあんまりイイネつかないから空気読んだ
格好を投稿することもある」とかてぃは言っていた。

コーディネートは、突き詰めるとどんどんオリジナリティ、マニアックに向かってしまうので、
服好きの本物のリアリティはリツイートされにくいものだった。
それでも、なぜ私たちは服で叫びたいんだろうか。

私にとってもファッションを楽しむということは、ある種の戦いでもあった。

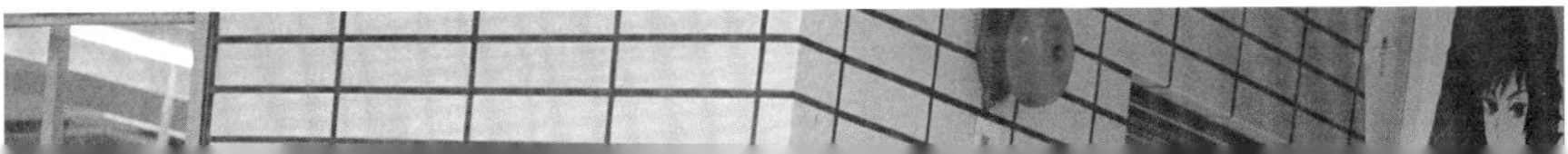

福岡からの上京当時、
snap文化全盛期だったこともあり、
原宿でsnapを撮られないと
服好きとして認められたことにならない!と曲解し、
原宿に通い続けていた自分のマインドは、
かてぃと同じく〝下剋上〟だった。(笑)

人生において承認欲求という
段階は人間誰しもあるけれど、
私にとっては顔や性格や体型を褒められるより、
どうしても服で勝負したくて、業界の審美眼が集う
その場所で、ストリートファイトし続けていた。
snapされない日も勿論あるのだけど、
その度にsnap雑誌を読み漁り、
コーディネートを学んで服屋をはしごし、
部屋ではしっくり来るまで何時間も着替え続け、
原宿に行く日は一日たりとも同じ服を着なかった。

東京でさえも白い目で見られる私たちを、
丸ごと肯定してくれる居場所が原宿にはあって、
かてぃにとってのそれが〝渋谷〟なのだと思う。
東京の街に異常に固執するのは、
上京勢のあるあるなのかもしれない。
私が高校生の頃、初めてのバイト代で
vivienneの5万円のネックレスを買ってから、

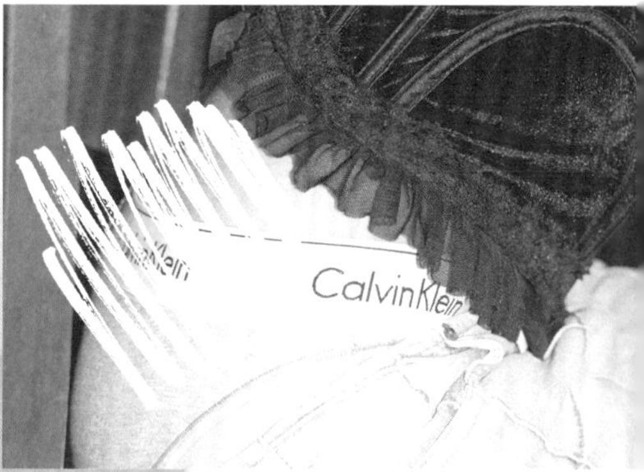

高校のバイト代は全て服に注ぎ込んできた。
当時の彼氏へのプレゼントを全て服にしたのも、
彼氏がダサいというのは〝生理的に無理〟、
という極端な偏愛であった。
所持金で買える服を探し回って、
何着もコーディネートしてプレゼントしていた。

まだまだ少ないワードローブの中から、
買ったものをどう着回すか、
憧れのブランドの服が買えない時、
コーディネートだけでも寄せようと試行錯誤したりもした。

かてぃも、欲しい服が売って無かったらリメイクしたり、
お金が無かったら代用品を作ったり、
服を作る技術がなくても人を集めて
「CULT」を立ち上げたりなど、
〝装う〟ことに対しての探究心と行動力が凄まじい。

私が、服飾学校を経て
ファッション業界で働いていて思うのは、
服が縫える技術があっても、セールスの技術があっても、
センスが良い人ばかりでは無いということ。
かてぃを見ていると、〝センス=野生の勘〟と訳しても
良いような気がしてくる。

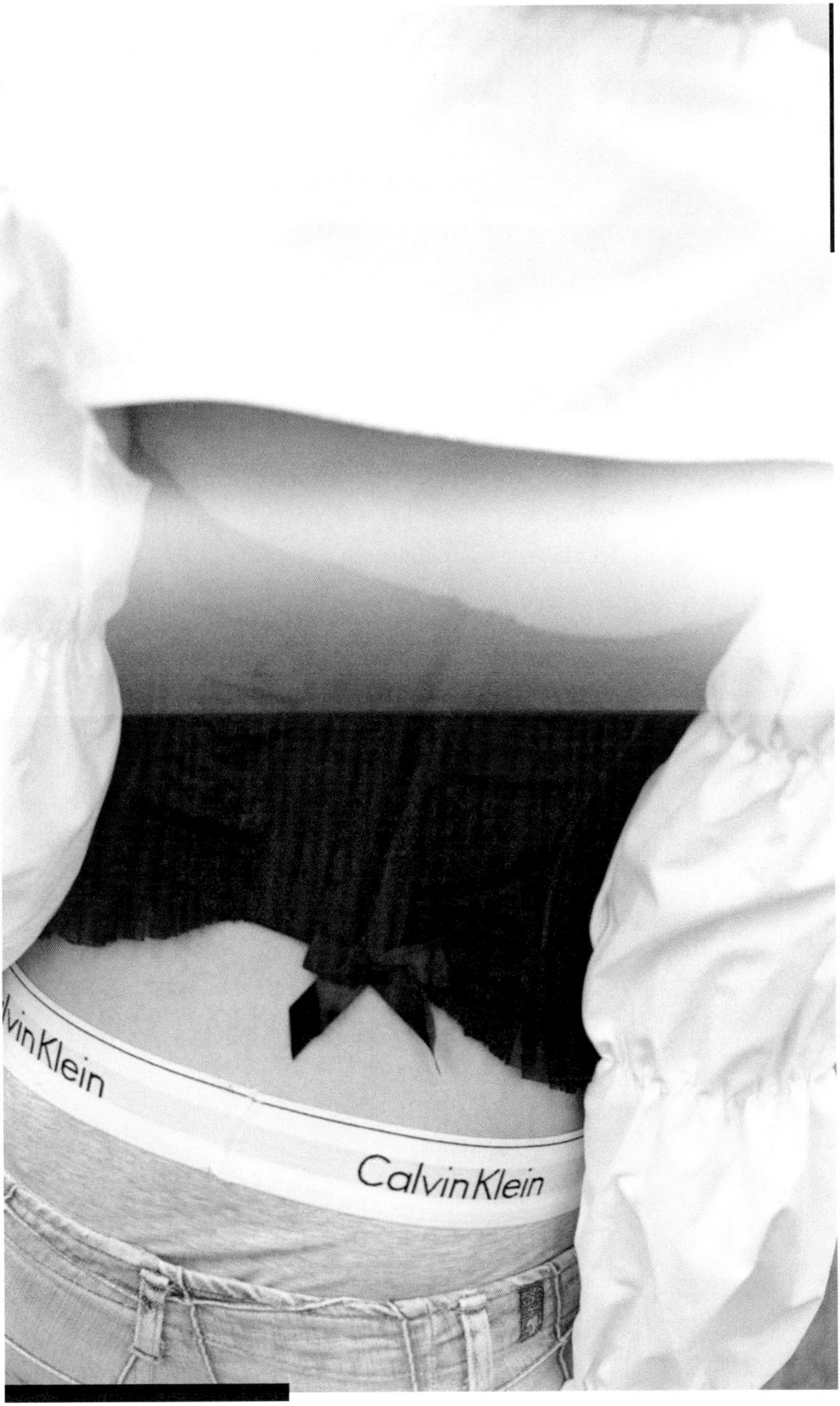
CalvinKlein

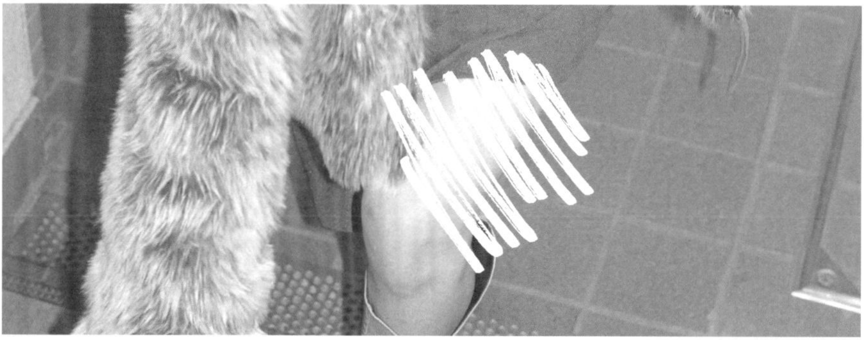

〃アイドル＝偶像〃という、ファンタジー願望の概念さえも、
終わらせようとしているのではないかと感じる。
その辺の感覚は、一時期の〃カリスマ店員〃のような、
〃読者モデル〃のような、バッグの中身全部見せます、的な親近感から来る
羨望の眼差しだと感じたりする。赤裸々さをポジティブに
昇華していくことこそ〃今〃で、嘘とかもう流行んないよ、と
野生の勘で、物心付いた頃から思っていたのだと思う。

かてぃは、自分のファンのことを過保護だと言っていた。
それは、ファンが本当はされたいことの裏返しなんだと思う。
どこか、自分に似ている人を信仰し好きになるのは、
潜在意識下の中で本当はもっと自分を大事にしたくて、
〃死にたくない、生きたい〃という叫びが、
他者への愛に変換されているようにみえる。

アイドルとファンの関係性がいつの時代も切実なのは、
そこに自分の身代わりの象徴としての、託された幾千の願いがあるから。

かてぃが、時代の価値観や固定概念をなぎ倒して、
つまらない常識をどんどん終わらせるべく暴走していく様が、
私はとてもみたい。というか、その暴走物語は既に始まっている。

〃面白くない〃ことに敏感で居続ける素直さと純粋さが、
これからの世の中を生き抜くヒントなのかもしれないと、
かてぃのファッション放浪記を観察していて、気付かされたのだった。

（以下かてぃについての話。）
中学生の時、鬼太郎（ゲゲゲの鬼太郎）が好き！という理由で
下駄を履くようになったり、農家の人の帽子が可愛い！
と思いたちスーパーで買ったり、（ボンネット的な）結束バンドを
腕輪にしたり、レインコートに文字を描いて特攻服風（？）にしたり、
ダンボールで厚底（？）を作ったり、散々だった元カレから
〃Burberry〃とスラックスの良さだけは引き継いだり、など。

どんな状況下でも、ファッションの糧にしてやるぞ！という
ハングリー精神が凄まじく眩しい。ダサい？これは痛い？
やっぱり似合ってない……？　でも着たい、だからまた挑戦。
恥ずかしさからスタートする、トライ＆エラーの繰り返しの、
センスへの初期衝動を研ぎ澄まして、
今のカリスマかてぃが形成されていると思うと、感無量である。

大人になってから、流行りが作られる仕組みみたいなものが
少しだけ分かるようになった。カルチャーもファッションも、
情報操作を信じる大衆が形作る流行の場合もある。

ＳＮＳが普及して尚更、加工されたフィクションが
前提とされる現代だからこそ、服でも人でもなんでも、
〃圧倒的に嘘の無い物語〃を誰もが渇望している。

〃死にたいを終わらせたい〃と、かてぃは言っていた。
承認欲求、＃自分のことを広めたいみたいなのも終わらせたい　と。

Chapter 7.

紫を纏い最後の叫び

ボーイッシュだったり、ガーリーだったり。
パンクだったりギャルだったり……。
会うたびに印象が変わり、
同じ日はない“かてぃ”という人物。
彼女が纏うファッションの不思議な魅力は
どこから来ているのだろう。そして、
武道館で脱いだアイドルの衣装について、
沈黙を貫いていた彼女の瞳から
見た景色を、初めて語る。

ノースリーブブラウス¥8,800／バラックルーム　パンツ¥14,300／エックスガール（エックスガール ストア）　シューズ¥33,000／ロスト イン エコー（ヴィヴィアーノ）　その他／スタイリスト私物

15年も前から
服の魅力に取り憑かれてる

例えば朝、起きたら外は大雨で、めちゃくちゃだりいと思いながら予定のための支度をする。洋服を選んで、バッグには財布とスマホ、タバコや鍵とかその辺のもの突っ込んで、最後に靴を履いて。大量に溜まった傘を横目に玄関を出て、「今日は濡れるの我慢だなー」って思う。今日着たい服に傘が合わなかったら、濡れたほうがマシだ。そうやって、わたしは好きな服着て生きている。

自分の意思でファッションを楽しみはじめたのは、小学2年生くらい。自営で美容師をしているうちのお母さんが、韓国や日本橋問屋街に行ったらおみやげに安い服を大量に買ってきてくれて、家にはいろんな服があった。クローゼットをのぞけば、目の覚めるようなピンク、スパンコール、民族衣装、子ども用ドレス……。こんなの着てる人、周りで見たことない。

学校終わり、みんなは体操着でそのまま遊ぶけど、わたしは絶対に帰って着替えてた。覚えているのは一時期家の周りで鬼ごっこするのが流行ってたんだけど、わたしはなぜか捕まるたびに家に入って、新しい服に着替えて階段からご登場、みたいなことしてた。友だちからは「またやってる」みたいな変な目で見られてたけど、そんな視線は気にせずせっせと衣装替えを楽しんでた。

洋服はもう自分でコーディネートしてた。参考にしてたのが海外ドラマ『シークレット・アイドル　ハンナ・モンタナ』で、ヒロインが着ているような派手な服に憧れて自分で意識してマネしたコーデを組んでた。いちばん着ていたのが右がストライプ、左がドット柄のビビッドピンクなサルエルパンツ。それにゴールドのスパンコールリュック背負って小学校に行く。同級生が「ピンクのムートン買ってもらっちゃったー」とか話してるのを聞いても、「全然地味じゃん、わたしのほうが派手な服持ってるし」って思ってた。

小学校に派手な子は何人かいた。きゃりーちゃん（きゃりーぱみゅぱみゅ）みたいな原宿系とか、V系（ヴィジュアル系）的ないかついファッションの子も目立ってたけど、系統が違うからそっちはあまり気にしなかった。

だけどひとりだけどうしても無視できない子がいた。ラルフローレンをよく着てたアメリカギャル系の女の子で、その子はいつもおしゃれで目立ってたから。そうなると、服の次は眉毛の全剃りとかでの勝負になってくる。アメリカギャルがさらにピアスも開けて学校に来たときも、負けらんねえ、わたしも開けたい！って思い、お母さんにお願いしてすぐに開けてもらった。小2だったし、まだ同級生でピアスを開けてる人は少なかったから、ピアスを早く開けたわたしはずっと髪を耳にかけて「おまえらよりランクがひとつ上だぜ」って顔して過ごしてた。そのうち周りもどんどん開けていったから、すぐに珍しくもなくなったけどね。あのころのわたし、まだ小さくてもちゃんとファッションにプライドを持って、誰よりも目立ってキラキラ輝くためにがんばってたなぁ。

ギャルに憧れて
初買い物は渋谷109

小学校高学年になったらギャル誌を読

みはじめて、ギャルに憧れてメイクも始めた。周りと比べても割と早めのギャル到来だったと思う。服装も少しずつ変わってきて、紫のちょうちょのスカジャンにニーハイを合わせるのがお気に入りの学校服。

このころ、今のわたしに大きく影響しているできごとが起こる。それがお兄ちゃんのブラジャー事件だ。

小学校の高学年にもなると、ブラジャーをつける女の子が増えてくる。わたしにもお母さんがブラジャーを買ってきてくれた。するとうちのお兄ちゃん、あろうことか遊びにきていた友だちに「妹がブラジャーデビューした」って下着を見せびらかすから、顔から火が出るくらい恥ずかしかった。そのできごとが嫌すぎてその後しばらくは、ブラつけてからかわれるよりはだいぶマシだと思ってTシャツで乳首透けたまま過ごしてた。心に深く刻まれたトラウマは癒やされることなく、今もレースみたいなブラはつけないし、下着はスポブラしか無理になった。

初めて自分で服を買いにいったのも、ギャルにハマったくらいのとき。小学5年生で、デビューは渋谷１０９。ブランドはココルルやブルームーンブルー、セシルマクビーなどが好きだった。

当時のマルキューには憧れのギャルモデルが普通にアパレルで働いてて、渋谷はすごく盛り上がってた。わたしも「ありちゃん（鎌田安里紗）に会いにいくぞ！」って張り切って、パープル頭にケツが見えるくらいのショーパンをはき、ギャルいトップス、ファーのレッグウォーマー、猫のしっぽアクセをつけて完全武装（ちなみにお母さんが日本橋で買ってきてくれたアイテム）！　そしてドキド

キしながら初めてマルキューに突撃した。Tシャツが1枚5000円くらいする、自分にとっては高級なブランドで、たくさんは買えないから選びに選び抜いた服を一枚だけ買って、興奮しながら帰ったのだった。

ジャージの着こなしに命かけてた中学時代

中学に入ったら学校指定のジャージで過ごすことが多くなった。小学生のころはあれほどまでに着替えたがってたわたしだけど、中学ジャージとなるとステイタス感出てくる。あれはわたしが小学校高学年のころ、中学生のイケてる人たちがフライドチキンとレモンティーが入ったコンビニの袋を持って、外でたむろしているのを見かけるたびに憧れが膨らんだ。もうなんとしても、一刻も早くあのジャージを着たかった。あれを着てコンビニの袋に入れたままでレモンティーを飲みたくてたまらなかった。

ジャージもみんなただ着ているわけじゃなくて、ちょっとしたこだわりを持っている。先輩からもらったり、根性焼きしたり、袖に落書きしたり……と、どこか自分なりに工夫をこらしていた。わたしは地元でも怖いことで知られていた人の娘と仲がよかったから、3つ上だったその子からジャージのお下がりをもらって、袖に指を通す穴を開けて着てたな。

そんな細かなこだわりがあっても、遠くから見たら結局みんな同じジャージだ。そこで次はそれ以外の部分で派手さを出していく。靴はココルルのピンクのエナメルのハイカット。バッグはライオンの大きな顔のリュックや、透明なリュックを使っていた。透明なリュックのとき、携帯とお菓子が入ってるのが丸見えで先生に怒られてしまった。ライオンのときはなにも言われなかったのに。

普段着では相変わらずギャル服。でも中2のときにメイクを薄くした。理由は山田涼介くん（Hey!Say!JUMP）に恋をしたから♡　なにかの雑誌インタビューで、山田涼介くんが「ふわふわした女の子が好き」って言っているのを読んで、「あっ、ギャルメイク卒業しよ」って思ってやめることにした。だけど、いざメイクを薄くしてみたら思ってた以上に辛い！　カラコンを取ってまつ毛も薄くした自分の薄い顔を鏡で見て「えっ、なにこれ!?」ってビックリしたものだ。それでも恋の力は強くて、そこから高校卒業くらいまでは薄メイクで過ごすようになった。

ガチな恋愛にもファッションは欠かせなかった。ひと目ぼれ相手はサッカー部の年上男子。グラウンドでサッカーをしている相手に気づいてもらいたくて取った作戦は、派手な格好をして周りをうろちょろすること。ジャングルジムやうんていに登って、目立つ服で好きな子をじっと見つめる。まるでサル山のボスザルみたいな怪しい行動だったけど、そのときは真面目に気を引こうとしてた。

ちなみにこの恋は、お兄ちゃんが相手にいじわるをしていたことにより、「おまえの兄貴、しゅうへいだから無理！」って振られたのだった。

そんな楽しい中学時代、他の人から冷たい目で見られていたと思う。だってわたしが中学を卒業しても、ジャージのもらい手がいなかったから。だから余計に今はメルカリで、なんでみんなこんなにわたしの服が欲しいんだ？って、不思議すぎておもしろい。

憧れと似合うは別で着なかったロリータ

好きなアイドルができて、アイドルになりたい夢もできた。でも、憧れのアイドルのライブには何度も行ったけど、ファッションのマネをしようとは思わなかった。というのも当時のアイドルのファッションって清楚な系統で、わたしの好みとは真逆。どっちかというと雑誌のモデルが着こなす派手なファッションのほうが着ていて楽しくて、はやりのナチュラル系の服も買ったことあるけどすぐに着なくなった。アイドルにはなりたいけど、参考にするのはファッション以外のところにしようと決めていた。

ロリータカルチャーにも片足を突っ込んでみたことがある。映画の『下妻物語』を観てロリータっていいなって思ったけど、これも早々に無理だって気づいた。

ロリータを着る前に、念のため先人に失礼のないようにいろいろと調

べたんだけど、決まりごとが多すぎた。日焼けしないようにきちんと日傘を差さないといけないし、言葉遣いも丁寧じゃないといけない。メイクにも決まりごとがあるし、わたし、そもそもガニ股だから着ている人に申し訳なくて諦めた。でも、映画の深キョン（深田恭子）がロリータでバイクに乗っている姿は印象的で忘れられない。下妻のハードな演出は、ロリータ界に革命を起こした映画だからこそ許されているんだと思う。

結局ロリータにはなれなかったけど、今でも原宿のラフォーレの中にあるロリータショップにはたまに覗きに行ってる。フリルとかリボンとか、アイテム自体はかわいいなって思うし、ポイントで取り入れたいなって思う。全身ロリータはブラウス着ないと始まらないけど、わたしは首が詰まった服が苦手だから、きっとこれからも一部ロリータ的な距離感での関わり方になりそうだ。

高校では超ぶっ飛んでた。数年前のことだけど、あれは若さがあったからだなーと思う。

組み合わせの限界に挑戦しリメイクも極めた高校時代

気の合う親友ができたというのも大きい。その子は甘々系のマイメロっ子だったから系統は違ったけど、すごくわたしのすることに理解があって一緒にいろんな服を着てくれたから、心ゆくまでファッションを楽しめた。

どんなことをしていたのかというと、柄と柄を組み合わせて着てみたり、ピンクとピンクなど同系色縛りで服を着たり、日用品をファッションに取り入れてみたりもした。シャンプーハットは帽子みたいに使った。便所サンダルはお兄ちゃんも好きで兄妹で履いてたし、お風呂のシャボンボールはかわいいと思って頭につけてた。みんなの家には普通にあるけど、なぜかうちにはないものがドラッグストアには結構あって、それが新鮮でかわいく見えて、自分の身につけていたかった。

それからおばあちゃんファッションにハマった時期もあった。おばあちゃんちに行ったときに持ってる服がかわいいじゃんって思って、おばあちゃんの服をいくつかもらって自分も着てた。ちょっと取り入れるよりも逆に全部おばあちゃんに寄せていこうと、髪型もおばあちゃんっぽくして、100均で老眼用メガネを買ってかける。おばあちゃんガチファッション勢だった。

小物とかも、自分で作るようになった。きっかけは好きな人が貝殻をくれたこと。うれしくて、それをネックレスにしようと思ったとき、貝殻の内側についていた汚れが気になった。ちょうど近くに彫刻刀があったから、これでいいやと削っていたら、なんと手元が滑って指の肉をえぐってしまったのだ。そこからわたしはDIYには必ず適した道具があって、それを使わないと危ないということを学習した。その貝殻のネックレスは無事に完成したけど、後日、プールに遊びにいくときにつけてたら落としてなくしてしまった。すごくショックで、あの日のことは今も忘れられない。

手先は器用なほうだから、簡単なDIYだけじゃなくてミシンもやってみたいと思って、お母さんの友だちに習うことに

KATTY
FASHION CULT
SCREAM

した。今までにも、もう少しこういう服だったらいいなと思うことはあったから、リメイクには興味があったんだ。コツを覚えてからは、アイマスクにうさぎのぬいぐるみをつけたリメイクとか、Tシャツを切るリメイクとかもできるようになって、自分のファッションの幅が広がった。

わたしがそうやってファッションを楽しむなかで、デザイナーとして活躍するチャンスがやってきた。あるイベントで、クラスTのデザインを描く役に任命されたのだ。イラストも得意だから張り切ってデザインを考え、魚と羊を足して2で割ったようなビジュアルのイラストを描き上げた。自信を持ってクラスのみんなに見せると、なぜか反応がよくない。先生にも「もうちょっと違う案も考えてくれない？」と言われたけど、わたしはこれがいちばんかわいいと思っていたから「これじゃないと無理！」って断ったら、なんとクラス会議の議題になることに。「皆さんはこの絵をどう思いますか？　いいと思ったら挙手してください」って地獄の学級裁判にかけられて……。結局、誰かが描いた普通の馬のイラストTシャツになって、悔しくて大泣きしたなぁ。絶対にわたしが描いたイラストのほうがかわいいのにって、今でも自信がある。

当時、自分の絵は採用されなかったけど、Tシャツに絵を描くことにハマって、自分で白Tを買って絵を描いたりもしてた。その後ミスiD（新しい時代の女性ロールモデルを発掘するオーディション）を受けたときも、応援してくれる人になにか恩返しをしようと思って、欲しいと言ってくれた人にTシャツに絵を描いて発送する企画を自腹で行った。30人くらいの人がもらってくれて、お金がかかって大変だったけどそのときの自分にできる精一杯のことで感謝を伝えたかったから。このスキルがあってよかったなって思った。

パンクカルチャーが意外とギャルに合った

高校時代にもうひとつ、ファッションに変化があった。それがパンクカルチャーに触れたこと。

わたしの人生に大きな影響を与えてくれたもーちゃんという人物がいる。超ゴリゴリのパンク系ファッションをした年上の女性で、蛍光ピンクジャージやリメイクしたバンTを着ていたのが印象的で、いつもカッコいいなと思って憧れていた。自分のファッションやピアス、メイクは、もーちゃんとの出会いをきっかけに確実に変わった。

もーちゃんがよく着ていたピンクのアディジャー（アディダスのジャージ）は特に印象的で、こんなにラフなのに絵になる着方があるんだと衝撃を受けた。それがきっかけでジャージが好きになったし、もーちゃんの着てくるバンTを見て、こういうアーティストがいるんだっていうのも知った。

よく原宿に連れてってもらった。パンクのお店に連れてかれて、一緒にいかついピアスを見たりもした。こんなお店があるんだって、自分ひとりでは入ることがなかったかもしれないようなディープなお店を見られるのがうれしかった。そのころしていたツーブロックヘアも、完全にもーちゃんの影響。

パンクは自分のスタイルにマッチした

んだと思う。今まではギャル＆派手至上主義みたいなところがあったけど、派手な色だけじゃなくてリメイクで自分だけのカッコよさを追求することもアリだなと思ったから。トップスの首回りを切るとか丈を短くしたりするリメイクは、今のわたしのスタイルにもなっている。最近またパンク熱が自分の中で来ていて、ストライプ柄のハイソとか、ハートのエナメルバッグとかを合わせているんだけど、もっとおもしろいパンクアイテムがないかなぁって探している途中だ。

高校をやめてから
制服の無敵さに気づく

ぶっ飛んだ変なファッション、おばあちゃんコーデ、パンクやリメイク……とプライベートではいろいろやってきたけど、学校では校則が厳しかったから、制服自体は着崩すことはできなかった。唯一、指定シャツが黄・白・青と3色あったから青ばっかり着てたけど、青シャツの人はほかにもいるしべつにそれで個性が出せるわけじゃない。JKしてたときは「ダサいしつまんねー」とか思って制服なんてどうでもよかったけど、その後、高校をやめてから、制服の友だちの中に私服の自分が交ざって遊んでいることにふと違和感を覚えるようになった。自分だけ中卒でみんなは高校生なんだっていう隔たりみたいなものを感じて、恥ずかしいような辛いような気分がごちゃ混ぜになってしまった。だからもう一度制服を着たいと思って、規則がゆるそうな定時制高校へと通うことにした。

定時制高校は服装も自由。わたしは前の学校の制服を着て、ギャルが夢見るルーズソックスもはいたしスカートも短くできたし、制服でかわいくするっていうのを初めて楽しめた。当時のイケてるJKたちはサコッシュや違う高校のバッグを持って行くのが流行ってたけど、わたしはそういう風潮に乗りたくないからクロックスのランドセルみたいなパープルのリュックを背負って自分なりに楽しんでみた。

でもわたしのほかには誰も制服なんて着てないから学校で変に浮くし、ノリの合う人が少ないからつまらないしで、せっかく入った定時制高校も長くは続かなかった。今そのときに着たい服と自分の現状がマッチしてないとメンタルが削れていくんだ。

JKは無敵のはずだった。実際に高1のときは無敵だなと思ってた。だけど、制服を脱いでしまったわたしは将来のことが見えなくて、ずっと心に不安を抱えて生きていた。合わないのに無理やり続けていたロリータアイドルをクビになったショックも、多少引きずってたのかもしれない。なにか自分が胸を張れるアイデンティティのようなものが欲しい。だったら、やっぱりアイドルになる夢を叶えよう！　そしてなにかのきっかけになればと受けたミスiDから、わたしはまた成長するのである。

アパレルのバイトで
おしゃれをしっかり学ぶ

18歳の年にミスiDの大森靖子賞を受賞し、アイドルに誘われて上京した。アイドルはすぐに始まらなかったから生きるためにバイトをしないと、と思って、どうせなら憧れのショップ店員をやってみ

たかったから、原宿の人気アパレルブランド『バブルス』を受けた。そしたらまさか受かっちゃって、すっごくうれしくて。心臓をささげるつもりで働こうと決めた。

今までファッションは自分の思うがままにセンス一本でやってきたけど、初めて周りがちゃんとプロとしておしゃれをしている環境に入って少し考えが変わった。先輩がしていたTシャツにハーネスを合わせるとか、ブラウスの着こなし方とか、自分のボキャブラリーになかった新しいファッションの工夫を知って感動したんだ。これは自分だけ変な服着てたら恥ずかしいぞと思い、もっとおしゃれを学ぼうと周りの人たちのことをよく見るようになった。

アパレルは2つのブランドで働いたけど、楽しいことも大変なこともそれぞれあって、マジでいい経験だったなぁと思う。いつもおしゃれができるし、好きな服を見ていられる環境はとてもよかった。一緒に働く人たちもおもしろい人が多くて、プライベートでごはん行ったり遊んだりもして、一生の友だちみたいな人もできた。東京で寂しい思いをしないですんだのも、アパレルの人たちのおかげ。

一方、販売員だから服のよさをお客さんに伝えるために、服のいいところとか素材の特徴をしっかり勉強しておかないといけないんだけど、わたしは脳みそ小さいから全然入んなくてかなり苦労した。お客さんが着ている服や雰囲気を見

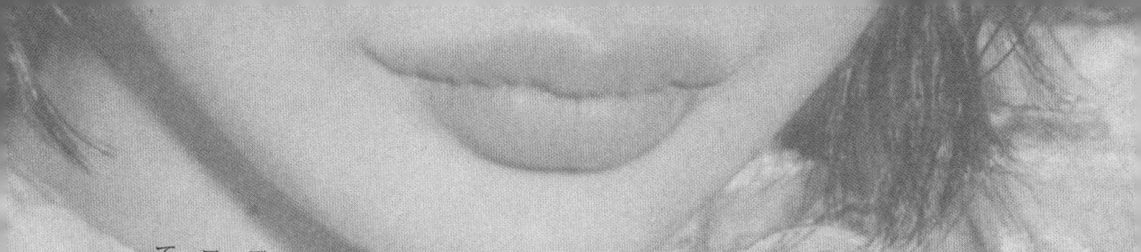

て、コーディネートの提案も瞬時にしなくちゃいけないのも大変だった。

特に2つ目に勤めたブランドは当時の自分にとって憧れのブランドで、ガーリーでエッジの効いたデザインが多いからすごく難しかった。オーガンジーみたいなスカートがあったんだけど、「これパンツ透けますよね」ってお客さんに聞かれたとき、テンパって「あ、でも透けてもかわいいと思います」って意味わかんない返しをした失敗がある（笑）。そもそも人見知りだし積極的に提案とか苦手なタイプだからアパレル大丈夫か？と思ってたけど、先輩がいい人ばかりだったから、自分には無理めと思えるような仕事もなんとか乗り越えることができた。

アパレル時代の私服は、お店のアイテムで個人的にかわいいと思ったものを社販で買って着てることが多かった。特にバブルスは、今はもう作ってないけど当時のポップ系デザインが大好きで、エナメル素材のミニスカートと厚底ブーツの組み合わせがわたしの鉄板だった。次のブランドはバブルスより規則が厳しくて、プライベートでもお店のイメージを損なわないような服を着てくださいって言われてたから、そのブランドの奇抜でかわいい系の服を着たり、別ブランドでもなるべくきれいめな服を着たりしてた。でもきれいな服はどうしても飽きがきちゃって、結局、見つからないよう汚い古着に手を出して、落ち着くわーと思ってた（笑）。あんまり守ってなかったけど、髪の毛の規定も厳しかったし、そういうところはちょっとだけ窮屈な思いをしてたかも。

アパレル時代はマジでお金が全然なかったけど、一緒にいる人がよくておしゃれも楽しかったし、人生で３番目に楽しかった！　人生でいちばん楽しかったのはメンバーがおもしろすぎた中学時代で、２番目に楽しかったのは、このあとのZOCだ。

女の子ファンができて　メンズっぽい服が増えた

アパレルをやめてZOCが始動した。ファッションでいちばん変わったのは、派手大好きなわたしが暗めの服も着るようになったことだ。韓国に行ったときにクラブに向かう女の子が真っ黒な服を着ていて、「黒ってこんなにかわいいんだ！」って気づいてから、黒も積極的に取り入れるようになったんだ。

それからパンツをはくようにもなった。これは女の子のファンがついてから変わった気がしてるんだけど、初めて女の子に「好き」って言ってもらってから男っぽい感情が出てきて、ZOCが動き出して3カ月もすると、だぼだぼのTシャツとパンツに、プレゼントでもらったバレンシアガのトリプルエスを合わせて、ボーイズ系の服ばっかり着るようになっていた（笑）。アパレルでガーリーに縛られていたときの反動が少しはあったかもしれない。ヤカラみたいなガラの悪い柄シャツを着て、「わたしはこれだけ変わったぜ！」ってお店に遊びにいって元

バイト仲間を驚かせたのも楽しかった。

露出狂になったのも20歳すぎてから。痩せたこともあって、前に比べていろんな服が着られるようになったことと、ちょうどこのころある病気が判明して人より体温が高くて体がずっと熱かったから、快適な服を求めていた。

キャミソールはお母さんが好きでよく着てるのを子どものころから見てたけど、お母さんはわたしと違って胸があるから。わたしにキャミソールはないわと思ってた。でも、いざ着てみるとすごく涼しくて開放感があって、探していたのはこれじゃんって思った。そこからずっとキャミが好きで、さらにインナー系も集めるようになり、ブラジャーも好きじゃないからかわいいスポブラでいいものを探していった。さらに、インナーだけじゃなくてトップスやパンツ、スカートにも涼しさを求めはじめ、結果そこらじゅう露出している今のスタイルができた。けど、今は大好きなこのスタイルにもいつかは終わりが訪れて、封印する日もくるんだろうなって思ってる。その日まではいっぱい楽しんで着るつもりだけど。

アイドルを卒業して紫を脱いだ日のこと

2021年2月8日。ZOCで初の日本武道館公演を果たし、それがZOCとしてわたしの最後のライブにもなった。武道館でのライブは自分がアイドルとしての憧れで、大きな目標で、夢だった。

ZOCでファンのみんなを武道館に連れていきたいと思ってたし、それを叶えることはできたけど、これがわたしのZOC最後のライブになってしまうとは思わなかった。こんなはずじゃなかった。最後までみんなの顔を見ていたかったのに、悔しさが溢れて視界がぼやけてしまった。

あれは2020年10月1日の中野サンプラザホールでのライブのころだったかな。ZOCが始まって2年。スタートから大きく変わってしまったメンバーとやっているこの状況、これって一体なんなんだろうって、自分の中で違和感が生まれ始めてしまったんだ。円陣を組んでいても「あれ、人ってこれだけだっけ」と思うことが多くなってたし、ライブをやっていても「この歌の意味を、どうみんなに伝えればいいんだろう」って、ぽかんとした気持ちになってしまうことがあった。

そのままツアーが始まってしまい、でも、もやつく心は晴れなくて。「いや、でもまだZOCを変えられるかもしれない」という期待も残っていたから気を取り直し、もう少しがんばってみることにした。でも、わたしにはなにも変えることができなかった。

事務所にZOCをやめると伝えたのは武道館の2カ月前のこと。すぐにでもやめるつもりで事務所に伝えると「今やめるとダサいよ」というようなことを言われた。武道館を最後のライブにしたくなかったけど、武道館まではやり切ることに決めて気持ちを引き締めた。

武道館当日、わたしのファンの席はステージの後ろになっていた。キメのときに背中しか見えない位置だ。歌うときも踊るときも、みんなの顔を見ることができないかもしれない。でもこれが最後なんだと思い、準備にとりかかり臨戦態勢。控室のホワイトボードにZOCみんなの最後の似顔絵を描いた。

その日のライブはソロパートがあった。ひとりずつ練習する時間があり、わたしの番のとき、みんなはお弁当を食べに行ってしまった。ひとりでチェックする最後のソロパート、むなしすぎて練習中に溜まっていたものがぶわっと溢れてきてしまった。だけど、制作のひとりの人がわたしのことを見守ってくれていて、それだけでも結構気持ちが救われた。ひとりいるだけで安心感が全然違うから。わたしを思ってくれている人たちに少し勇気をもらい、ライブは本番を迎えた。

ついに最後のステージだ。全部がすごくしんどかった。でもファンの子はお金を払って来てくれ

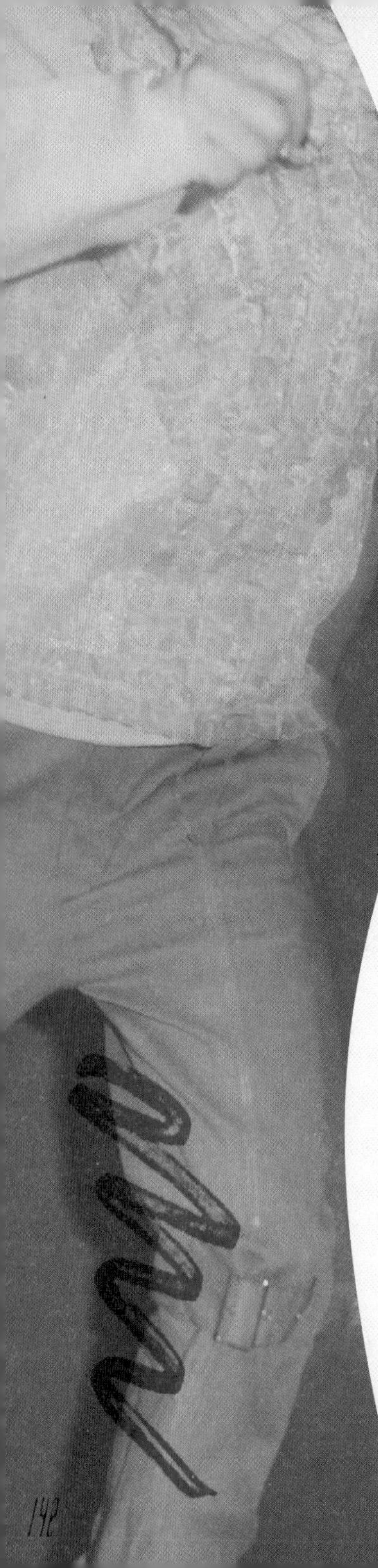

ているし最後だし、コロナ禍で声援できないなかでも応援してくれているのが伝わってきたし、なんとかいいパフォーマンスをしたいと思ってた。

それでも終始苦しさと悲しさがつきまとってきて、もう気持ちはボロボロだった。『family name』を歌っているときがいちばん辛かった。ZOCの初めてのオリジナル曲で、今までずっと歌ってきたいろんな思い入れのある一曲は、すでに爆発寸前の心臓に容赦なく爪を立ててくる。もっと自分が違う行動をしていたらいい結果になってたのかなとか、いろんなことを考えながらファンの子たちの顔を見ていたら、もうずっと涙が止まらなかった。

最後に、手紙を読む時間をもらった。ぐっと苦い気持ちをのみ込んで、考えてきた手紙を読み上げ、花道を去った。できれば最後のギリギリまでステージの上にいたかったけど、それは叶わない。もうZOCは新しいZOCとしてスタートをしていたから。

ライブには地元の友だちや元アパレルのバイト仲間、お兄ちゃんの連れが観にきてくれていて、終わるとすぐに会いにきてくれた。みんなの顔を見た瞬間、張り詰めていたものが壊れてわたしは大声で泣いた。ずっとステージの上ではひとり、別世界にいた気分だったから。すごく苦しかったけど絶対負けたくないから、笑顔で叫び、最後までZOCの香椎かてぃをやり切った。わたしの神さまはいなかった。もう我慢しなくていい安心感と脱力感に甘えて、声がかれるまで泣き続けた。

見守ってくれていた制作の人から「お疲れさま」と花束をもらって、わたしの夢の武道館が終わった。

ネットにさらっと投稿した『KATY BABY』

武道館から2カ月くらいネットを休んでいた。そろそろネットも見てみるかとSNSとか開いたとき、やっと「そっか、もうひとりなんだ」って思った。

ネットから離れていたのは、一回区切りをつけようという理由。次のことも全然決まってなかったし、だらだらとSNSをやろうという気分でもなかったし。

前の事務所の人に、これからどうやって復活させたらいいかとか相談していて、今後の自分のやりたいこととかいろいろ考える時間でもあった。普通の女の子に戻るわけでもないし、インフルエンサーになるわけでもない。そこで、アーティスト的な映像作品を作って、それをアップするタイミングで自然に活動を始めようと決めて、YouTubeに『KATY BABY』というチャンネルを立ち上げて映像を公開した。シナリオも舞台美術もわたしが軸になって、いろんな人に手伝ってもらってできた、今のわたしのすべてを込めた映像。さらっと投稿してわたしはネットに戻った。

自分は全裸でもいいけど
言葉には洋服を着せて

いろんなものを着たり脱いだりしてきたけど、今後も偽りだけは身につけないようにして生きていきたい。今までも隠さなさすぎて炎上もしたけど、自分には隠すものなんてべつにないし、自分を晒け出して恥ずかしいって感覚があまりない。鼻くそや屁も気にしない。……好きな人にはちょっとだけ躊躇するけどね？　でも、みんなには素の自分を見てほしいと思ってるからそうしてきた。いつか対バンしたアイドルに裏で悪口言われたとき、ショックだったし、だせーしそういうの汚いなって思った。そんなんだったら最初からクソみたいな性格でステージに立ってぶつかってこられたほうが、むかつきはするけどまだカッコいいじゃんって思うし。そういう女子のヘドロみたいな部分を見てきたこともあって、わたしは自然体でいるようにしてるんだけど、できない人は隠さないわたしのことすごくむかつくんだと思う。もっとみんなラフに楽に生きればいいのにね。だって、こんな脱ぎっぱなしのわたしでも、好きだとか頼れるって言ってくれる人がいる。わたしが特別じゃなくてみんなそうなれると思う。露出は気持ちいいよ。わたしの中学時代の友だちみたいに、

海上で尻だけ出して浮くように生きてみ、最高じゃん。まあ単純に、わたしは偽ろうとしてもボロが出ちゃうだけなんだけどさ。

ファッションもそういう意味では、素を見せる行為のひとつかもしれないよね。わたしが着ている服は、人から見て理解できないようなものも多いと思う。服を着るとき「強くなりたい」と願いを込めるときもあるけど、基本は好きで着ているからこそ、変だと思われても胸を張ることができる。そのとき本当に好きな服を着て自分が納得して外に出ていれば、それでダサいと思われようが貧乳だなと指差されようが、落ち込みはするけど、そんなこと言ってくるヤツは自分と合わないだけ。自分が素でいたら、それだけでご機嫌でポジティブに過ごすことができる。

素を出す話をしたけど素を出しすぎちゃダメな状況もあるからひとつだけ言っておきたい。最近のわたしは、配信では言葉遣いに衣を着せるよう気をつけてたりしてる。1万人もフォロワーがいないころには結構、過激な言葉を使っている自分が正義って考えだったけど、フォロワーが増えると自分の一言で争いが起きるから、本当に気をつけてネットをするようになった。

マジで言葉で人を潰せる時代だから、わたし自身が正しい行動をして、アンチも更生させたい。匿名だったらなんでも言っていいわけじゃないよってことは、これからも言っていきたい。

みんな裸になれ　そして今日から好きな服を着ろ

今回ファッションの本を作るってことになって、昔どんなの着てたっけとスマホをさかのぼって写真見たりしたんだけど、着ている服でそのときの感情を思い出すからおもしろいなって思う。一つひとつ、この服はなんで着てたのかっていう気持ちまでわかって、変な服を着ていたとしてもそれには必ず理由があり、コーデには感情がこもってる。例えばロリータアイドルをやめるやめないでもめてたときは、古着のミッキーのTシャツを着てアディダスのショーパンをよくはいてたんだけど、そのときのボロボロの服がすれた心境を語ってる気がする。最近だと、メンタル落ちてるときはマイケル・ジャクソンのTシャツを着てマイケルに力を借りようとしてるなーってのがわかるし、人が描かれたバンTも、ひとりじゃない感があるから心細いときに着がち。逆にアガってるときは超露出狂。ミニ丈のワンピース着て浮かれてる。わたしって本当にわかりやすい人間でおもしろいなと自画自賛。

わたしは今でも新しい服を買うと、マジでぶちアガっちゃうくらい明日が楽しみで仕方がなくなる。本当に服って楽しいんだよね。もっと知らない服に出合いたいし、海外にも行っていろいろと発掘したい。中学のころは顔も幼くて体つきも今と違って、着たい服が似合わなくて諦めてたけど、20歳超えていろんな服が着られるようになってからより楽しくなった。もしかしたらもっと大人になると、また新しく着られる服も増えてくるかもしれないね、楽しみ。この服を着たいからダイエットがんばろうとか、この服を買いたいから仕事がんばろうとか、人生のモチベにもなるし、ファッションはわたしにとって偉大なものだ。

振り返ってみると、小さいころからファッションが大好きで、自分のブランドを持って、ファッションの仕事もたまに受けたり、自分の本も恥ずかしながら出しちゃったりして。服はわたしの人生で欠かせないものだなって感じている。わたしの持っている服は古着も多いし独特な形でコピーしづらいかもしれない。「かてぃだからいい」って言われることもあって、「あ、わたしの服って変なんだな」とかも思うけど、今回のコーデも組み合わせの参考にしてもらえたらいいなと思って一生けんめいスタイリングを考えてみたから、みんなにおもしろがってもらいたい。わたしの服を見て、自由なファッションに勇気を持って挑戦してほしい。

そんなわけでみんな一回全裸になって、自分の好きな服だけを着ろ。

最後に、わたしを好きでいてくれてるギャルズのみんなー。最近、わたしの描いたイラストとかわたしの目とか（!?）をタトゥーでポップに入れてる人もいるっぽくて、大丈夫か一回落ち着け？って思いつつもめちゃくちゃ宗教してくれててうれしい。

だけどひとつだけ、冷静な自分も持っていてほしい。

自分が神様だと思っている人も、ひとりの人間でしかないから。信仰してほしいけど、信じすぎるな！って言いたい。

おまけのこぼれ話

メルカリにあるカルトなフリマ

かてぃのいらない服たち

星5の高評価!

ご存知フリマアプリの「メルカリ」では、本人が気の向いたときに私服を出品しているが、出した瞬間、即売れてしまうため購入ボタンにすらたどり着けない人も多いとか。そんな幻のメルカリページは、オーナーの剛腕な説明文も見どころだったりします。

いい匂いがしました

とても早い対応でした

めちゃくちゃ
可愛かったです♡

丁寧に包んで
くれてありがとう

きれいになってた!

フォロワー2K弱!?

メルカリオーナーより

好きで買った服なのに、着なくなったら捨てなきゃいけないのがすごく悔しくて始めたメルカリ。わたしが愛したアイテムがほかの誰かの手に渡って、その人にとっていろいろとファッションの幅が広がるものであれば、とてもうれしいなと思います。さすがに犬のおしっこがかかったヤツとか汚すぎるものは捨てたけど、それ以外のまだ着れそうなもの、本当はまだ着たかったような服などを選んでいるので、できればたくさん着てもらえたらいいな。それからわたしのボロボロな服を買ってくれるのはうれしいんですけど、それを転売して、高い値段で売るのだけは悲しいのでやめてください。仲のいい友人にあげるのはいいよ。一つひとつの洋服に想いが詰まってます。

即SOLD!!

オーナーは出品殺し文句のプロ

二度見レベルで気になる

タイトル編

かてぃワールド全開だった、過去のメルカリタイトルを大集結。どうしてこんなタイトルにしたのかも聞いてみました。

「2時になにしてるんだろうわたし」

ライブ終わりとかで午前2時にメルカリやっていて、こんな心境だったよね。

「ぜひこれを着た時には眉毛を全剃りに」

自分が眉毛を全剃りにして着ていたコートだったから、受け継いでほしいなと思った。

「おじいちゃんってディスられるアウター」

おじいちゃんみたいって言われすぎた。かわいいのに。これのパンツもあります。

「汚ねぇリメイクTシャツ」

すごく気に入ってたから、汚すぎても捨てたくなくて譲りました。着てほしい。

すげぇシチュエーションの気分いいとき！

「街で一回はドフラミンゴと指をさされるファーコート」

当時渋谷に『ワンピース』のドフラミンゴのコスプレする人がいて、その仲間だと思われてた。

「ハピネス」

ダボっと感が足りなくて着られなかった悔しいパンツ。でもこのときの気分はハピネス。

「友達が今日3人も泊まりきてる嬉しい嬉しい嬉しい」

友だちが泊まりに来てうれしくて血迷って出したけど、マジで戻ってきてほしい。

「ヤリチンっぽいシャツ」

着るとメンズっぽくなったシャツ。サテンのヒョウ柄がチャラくてヤリチンだなと。

「落とし前つけろと言えそう風柄シャツ」

それよりも売るつもりなかったのに勝手に指が動いて出してしまった。戻ってきてほしい。

状態開示がちょっと変

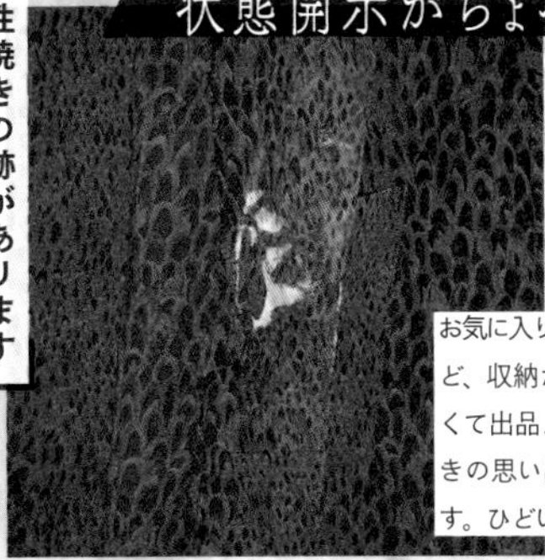

「根性焼きの跡があります」

お気に入りだったけど、収納が足りなくて出品。根性焼きの思い出入りです。ひどいですね。

メシ中

「チヂミなう」

友だちと自分の家でチヂミ食べていました。食べながらメルカリしてますね。

「シミ付いてるよって言われるトップス」

付いたシミが自分では落とせなかったので、落とせる人に使ってもらうことにしました。

オーナーは心のこもったアツいヤツ

メッセージ編

ただ服の説明を書くだけなのに、
独特なワードセンスが弾けるメッセージ欄。
たとえ服の話をしていなくても、通常運転です。

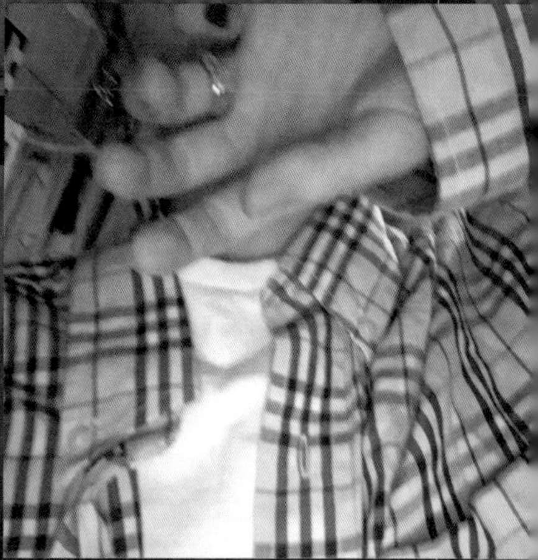

おまたせメンズ

元カレにお気に入りだったバーバリーのシャツを
パクられて二ヶ月ほど前に再度購入しましたが
やっぱり元カレが思い浮かぶので譲ります
原宿で買いましたヴィンテージになります
これは呪われてないです

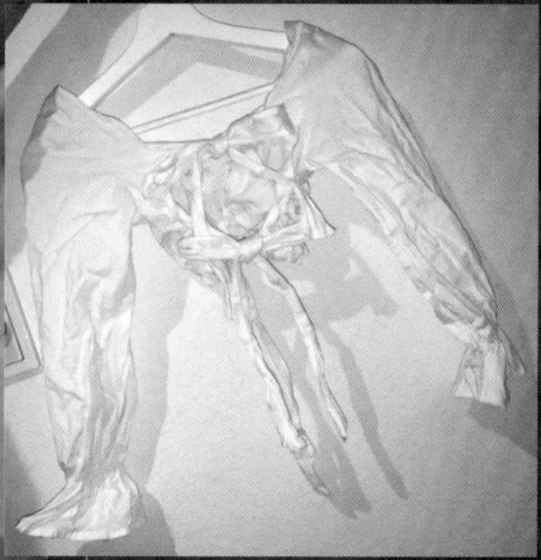

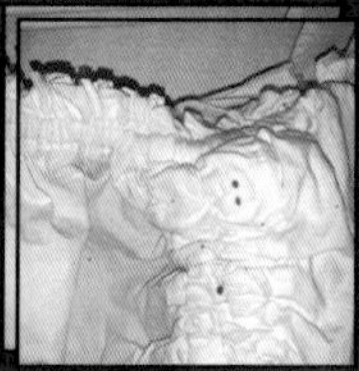

一旦落ち着こう

黒スプレーで髪を染めようとして
黒いのが少し飛び散りました
なのでそれを落とせる方のみでお願いします
後ろがすごく可愛いです
オシャレが好きな方は着やすいと思います

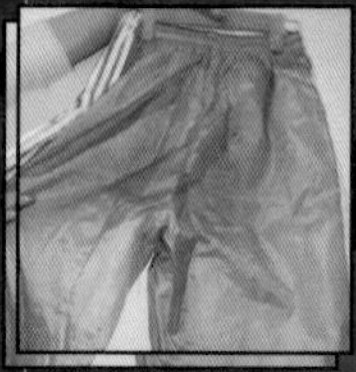

地面に座りすぎた

下北で買いましたヴィンテージです
自分の中で割とお気に入りだったのですが
今は黒ブームなので譲ります
ちゃんと洗濯します

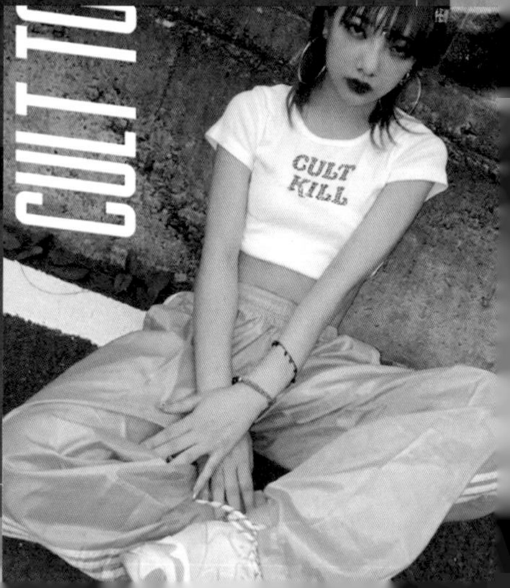

渋谷を共にしたパンツ

よくこのパンツで地べたに座ってたので
けつの部分が汚いです
そしてなぜかずっとタグのプラスティックの
部分を残してましたなぜだろう

メンズへ

小さい頃にハンドベル協会に入っていて
ジングルベルを演奏しました
懐かしい大好きだったクリスマスは一体どこへ

殺〇屋みたいなレザージャケット

下北で買ったレザージャケットです
重いですそして一枚で殺〇屋みたくなれます

男っぽくなる柄シャツ

クソお気に入りなのですが今髪型が
ウルフではないのでお譲りします、
女遊びしたいときに
ぜひきて欲しいです

臭T

洗いますけど臭いです
ヴィンテージで購入しました
ビッグサイズなのでメンズも着れます
これを着たらホストの休日の気分になれます

お気に入りのやつ さようなら

水色の可愛いジャケットです。。。
可愛いけど汚いです
だが可愛いです

転売しないで100回着なさい!

おしまいのことば
—inかてぃ宅—

ブルーのキャミソール¥4,400／バラックルーム　グレーのキャミソール¥8,800／ヴィアヴァンダ（株式会社エックスナインデザインラボ）
チェーンのネックレス／モデル私物　その他／スタイリスト私物

この本を読んでくれた皆さんへ

自分の人生で本を出すのが2冊目となります
まさか自分がまた本を出せると思っていなかったので
しかも大好きなファッションについての本ですごく嬉しいです

自分がファッションを糧にして生きようと思ったのは小学2年生のときでした
お母さんがお土産で派手な服を買ってくる癖があって、そこから服を楽しむことを知りました

自分にとって服はいつだって外見から自分を強くしてくれるものだと思います
小さいころからちょっと奇抜な服が好きで、人に「なにあれ」と笑われることに心地の良さを感じていました

いろんな服を着ることで新しい自分に出会える、やっぱり似合わなかったと思ったら当分その系統を封印したり、
絶対着ない服を買ってみたり、躊躇なくファッションを楽しんでほしいと心から思います
街中で変な服装をしている人をみて「なにあれ」と指を差されるくらい人の心のどこかに引っかかるような、
服とか人の個性はいつだって爆発していいそれがすごく素敵なことだと思います
日本はファッションが独特で私は日本のファッションがすごく好きです

わたしには似合わない、で新しい自分を諦めないでほしいなと思います
わたしもたくさんいろんな服を経験してきて失敗もあったなか、好きな自分に巡り会えたこともたくさんありました
ふとしたときの行動がなにかのきっかけとなっていろんなことに広がっていくんですよ

例えば目の前にあるものに触れたことでそのときには何も起きないけど
その行動がいつか何かに繋がってることもあって行動するかしないかで人生って変わるなぁって思います
何事も誰かに言われて諦めるのではなく自分はこの夢を叶えたい、この服を着たい、こういう人間でありたい
自我を忘れず自由にやっていってほしいなと思います

最後になりますが

新あいどる聖書を出してから1年半たちます

あっという間で波瀾万丈で最高の今までを愛してくれた皆さん本当にありがとうございました

自分がやり遂げたものは全て大切な思い出です

これからまた新しい自分を見つけにいきます

大人になるにつれ臆病になるけど何事も進もうとしないと

将来が明るいのか暗いのか楽しいのかキツイのか味わえないからとりあえず全力で踏み込む

自分を大事にすればなんとでもなると思います

いつもたくさん応援してくれて愛してくれて安否確認し合って一緒に生きてる感じがたまらなく好きです

これからもわたしを、あなたを、お互いによろしくお願いします

Let's not forget that
the person who worshiped
like God is the same person.

I want you to be
proud of yourself
who values your love.

〔注〕わたしを信じすぎるな

づく

SHOP LIST

イクミ 原宿路面店	03-6882-4008
ヴィヴィアーノ	03-6325-6761
エックスガール ストア	03-5772-2020
ガールズソサエティ	http://thegirlssociety.net/
カオリノモリ ハラジュク	03-5786-4442
株式会社エックスナインデザインラボ	03-5411-1102
株式会社フールズ	customer@fools-inc.com
デッカーズジャパン	0120-710-844
バライロノボウシ	https://shop.baraironoboushi.com
バラックルーム	03-6416-9129
ピンナップ	03-3470-2567
フェイス	https://faithvintage.com/
ブランドニュース	03-3797-3673
ぽこ・あ・ぽこ	03-3477-5006
ルックスオティカジャパン カスタマーサービス	0120-990-307

COVER

ブルゾン¥19,250、ドレス¥27,500／イクミ（イクミ原宿路面店） 三角巾¥7,480／バライロノボウシ その他／スタイリスト私物

かてぃ

逃げ切れない圧倒的パーソナリティーで、SNSでの言動ひとつひとつにアクティビティの嵐が発生。ときどき炎も発生。そのライフ生命、見た目に憧れて信仰する人たちはギャルズと呼ばれる。2021年2月の武道館ライブを最後に所属していたアイドルグループZOCを卒業。これからよろしくね。

Twitter：@KatyHanpen　Instagram：@pantykaty

STAFF

写真／アキタカオリ、【P.28-67、76-85、90-119】林紘輝（扶桑社）
衣装／菅沼愛（TRON）
ヘアメイク／小夏
アートディレクション／江原レン（mashroom design）
デザイン／前田友紀、高橋紗季、田口ひかり、青山奈津美、
神尾瑠璃子、山田彩子（mashroom design）
校正／小西義之
マネージメント／真田巧、小林知佳、橋本かえで（株式会社ekoms）
カルトトーキョー／富永優莉乃
編集／【P.28-85、90-119、126-151】薮田朋子、佐藤弘和（扶桑社）
プロップス／EASE

ファッションカルト

発行日　2021年8月31日　初版1刷発行

著者　かてぃ
発行者　久保田榮一
発行所　株式会社 扶桑社
〒105-8070　東京都港区芝浦1-1-1　浜松町ビルディング
電話　03-6368-8870（編集）　03-6368-8891（郵便室）
www. fusosha.co. jp
印刷・製本　大日本印刷株式会社

ISBN　978-4-594-08905-4